歐美觀光地理

GEO-TOURISM
A JOURNEY THROUGH TIME
EUROPEAN AND AMERICAN CHAPTERS

楊本禮 著

序

　　這不是一本以圖片為主的書，但卻是要讓讀者在看書的過程中，運用自己的想像力，將過去、現在和未來串連在一起，構成一幅美麗的觀光圖片，慢慢地欣賞。書中所提到的許多景點，也許讀者仍沒有機會去過，如果能有機會先去了解，等到機會到來時，自己親臨斯土，相信會有意想不到的收穫！

　　觀光地理是一門新課程，除了自然風光之外，其中最重要的莫過於把「湮沒的地理」、「傳說的地理」及「文化的遺址」三合為一，呈現在一幅結構完整的觀光地理的面貌，讓遊人盡情去遊玩和欣賞。為什麼要「三合為一」呢？因為一旦昨天的歷史，轉變為今天的新聞時，它就是明日的觀光景點了！特別是許多文化古國，一但古文物出土，造成一時轟動，隨之而來的則是絡繹於途的觀光遊客。

　　觀光地理的最大功用是一種友誼的擴張和文化的交往。眾所週知，在十八、十九甚至是二十世紀，人類面臨過無數次因政治版圖的更易而留下解不開的民族仇恨。觀光地理的主要目的是要透過人與人之間的善意交往，慢慢地化解祖先們遺留下來的人為民族仇恨，讓人為劃分的疆界自然消滅於無形。當然，這不是幾句話，幾百萬名遊客，甚至幾十年的光陰就可以化解的。當友誼的擴張和文化的交往頻率隨著時光而與日俱增的時候，距離消彌人為鴻溝的日子也就非遙了！

　　作者寫這本書的最大願望是能夠鼓勵遊客們在遊玩過程中，取人之長，補己之短，一點一滴的累積宏觀視野的自然養成。讓時間與金錢的投資沒有白費，作者的目的也就達到了。

　　最後，作者要誠摯感謝揚智文化事業股份有限公司讓這本書順利問世，讓它來展開觀光地理的無垠疆域，讓觀光客的眼界達到更高的層次。

楊本禮 謹識

C o n t e n t

目　錄

第一章
觀光地理概論

　　「觀光地理」（GEO-TOURISM）是一個學術上的新名詞。它是從傳統地理中分割出來的。要了解它的定義，必需先從傳統地理和特殊地理中分析它們的特點，然後才能知道觀光地理的正確定義。

第一節　地理的分類

一、傳統地理GEOGRAPHY

　　地理一詞，對一般人來講，耳熟能詳。因為從小學到國中，都有這一門課，不過，這門課著重在人文地理和自然地理。課程一般先介紹國內地理，再介紹世界地理，讓學生們對地理有一個概略的了解。人文地理不外是講山川河流，自然物產和人種分佈，然後再衍生出氣象、太空和日月星辰。到了大學的課程，因為它不屬於一般必修課程，除地理系的學生之外，其他科系的學生，比較沒有機會和地理這門看似簡單卻又複雜的課程接觸。於是，地理的常識僅限於以往的一些小常識；這也是傳統地理的悲哀，因為它不能提供人文自然以外的常識。

二、政治地理GEO-POLITICS

　　自哥倫布發現新大陸之後，他把地球是方形的古老宗教論點攻破。封閉的宗教地理學家認為，地球是方的，當走到極端時，就會直瀉而進入地獄。但當哥倫布繞了世界一圈回到原地之後，地球是方的說法自然就不攻自破了！

　　可是，當地球是圓的論證獲得證實之後，海權論亦隨之興起。帝國主義侵略者，隨著一艘又一艘的攻擊型艦隊四處拓展版圖，政治地理也因而興起。因為政治版圖的擴張，不再限於鄰

邦，而是推展到陸地以外的海洋領域。誰能掌握海上航權，誰就能擴張政治版圖。

三、平衡地理GEO-EQUILIBRIUM

　　當海上版圖無限制的擴張時，強國與強國之間的衝突在所難免。海上霸權的興替，自然也是隨著國力的強弱來決定未來。

　　不過，強權在無限擴張的同時，有識之士也意識到，國與國衝突的結果，往往是同歸於盡，平衡中立國也就在矛盾中出現。譬如，英法兩國在中南半島擴張到緊要關頭時，雙方不願在殖民地爭鬥中發生正面衝突，於是選擇泰國為中立國；在中南半島三邦的法國，無意侵犯泰國，自印度過來的英國霸權，只停於緬甸和馬來半島，她也把泰國列為緩衝區。泰國的獨立受到保護，英、法兩國也沒有在中南半島發生流血衝突。列強在非洲開拓侵略版圖亦復如此。槓桿平衡發生了作用。

四、兩極地理POLAR GEOGRAPHY

　　當航空慢慢取代海上航行後，兩點之間以直線最短的幾何定律，也開始運用到飛行上。於是，地球的兩極－北極和南極，變成國際航線的捷徑。譬如，從台北到美國西海岸大城舊金山（San Francisco）或洛杉磯（Los Angels），在沒有北極航線之前，一定要繞道太平洋，而且必定要在夏威夷（Hawaii）降落，以便補充燃油以及讓飛行人員換班。但是在阿拉斯加（Alaska）的極圈航線開闢後，到西海岸的班機不需再繞太平洋，可直接向北極飛航然後直下舊金山。同理，從澳洲到南美的阿根廷（Argentina），再也不需要繞道中南美洲，可直接經過南極到達阿根廷。自共黨蘇聯帝國瓦解後，西伯利亞（Siberia）天空開放，也縮短了亞歐的航線。往日經泰國轉中東的舊航線，也逐漸被淘汰。

五、湮沒的地理VANISHED GEOGRAPHY

湮沒的地理又稱考古地理，也可以說是歷史上的地標，曾經有過一段輝煌的歲月；可是，基於某種原因，例如：自然的大災害如地震、洪水、災荒等；或者是因戰爭的摧毀而消失。不過，這些擁有輝煌歲月的古跡，經過現代化的科學考證，給予考古學家們更多的信心去發掘，終於也得以使它們的原來面貌重新顯現。每一個古蹟經發現而再生，隨即變成觀光地理中的新集點；但歷史是不會斷層的，其間之所以會發生中斷現象，都是基於上述原因。等到後人憑著遺留下來的斷簡殘篇的記敘或者是從出土的殘垣敗瓦中追索，最後終於真相還原，把斷層填補起來。讓失去的再生，也為觀光地理帶來無限的生機。

六、傳說地理LEGENDARY GEOGRAPHY (PLACES)

每一個國家，或者是每一個民族，都有自己的傳說故事，愈是古老的國家和民族，它們的傳說就愈加神秘和具吸引力。這裡所講的傳說地理，是指傳說但並非古怪的傳聞，而且是有確實存在的證據；只不過是在科學昌明的現代，人們還不能找出原因，因為若依照科學的解釋，這些都是不可能發生的。當科學沒有辦法找出源頭時，傳說便成為唯一的合理解釋，於是繪影繪聲的傳說，使一件原來就帶有神秘感的事物，變得更加神秘，也使得它們在觀光地理中，身價大增。

七、文化遺址VANISHED CIVILIZATIONS

文化遺址多數產生在古老的國家裡，像是中東源起的兩河流域文化、南美洲的馬雅文化、中國的殷商文化、埃及的金字塔文化、

非洲的迦太基文化、歐洲的希臘羅馬古文化、印度古文化、印尼的爪哇文化、日本的京都文化以及柬埔寨的吳哥窟文化等。它們經過一段長時期的消失之後，隨著後來者的發現，於是陳年的古物和舊址，又再度變成現代文化承傳的焦點。這些焦點，透過媒體的報導和聯合國教科文組織列為人類文化遺產的保護以防止再遭破壞，使得文化遺產變成全球性的共同擁有人，它們不再是某國和某個民族的專有品。

聯合國教科文組織（United Nations Educational Scientific and Culural Organization, UNESCO）對觀光地理所作的最大貢獻，就是把人類文化遺產列入保護，使之成為觀光地理中一顆閃亮的明珠，也讓它成為最受歡迎的觀光景點。其造福人群，功不可沒。

八、觀光地理自我認定GEO-TOURISM, A SENSE OF IDENTITY

當簡便的交通相繼出現和成熟之後，加上各種不同類型的地理問世，觀光地理這個新興名詞終於在八○年代誕生，隨之而來的也就是文化的自我認定。由於觀光不再是特定族群的專利品，一旦它被大家接受和喜愛之後，推陳出新的促銷手法自然日新月異，因為世界市場已經存在那裡，只等待著業者去開發。觀光地理是集體智慧的創作，它不是力的征服，因此，它能夠把文化傳播出去！

觀光地理有它的主要作用，除了教導遊客怎麼樣去遊玩之外，最重要的是，能夠在玩的過程中，學習到什麼。觀光地理和一般地理不同：前者是課本上的固定教材，後者卻是學不完的活教材。

觀光地理的最大目的是，在遊玩過程中，取人之長、補己之短，在一點一滴的累積過程中，宏觀的視野也自然養成。時間與金錢的投資，自然沒有白費了！

第二節　觀光地理的發展

一、基於人類原始本能的衝動和基本求知慾

就好像是哥倫布當初發現新大陸一樣，因為有了衝動和求知的雙重助力，才會推動不確定之旅的成行。在哥倫布的那個時代，神權凌駕一切，即使是一國之君，也要以主教的意旨唯命是從。哥倫布因為有潛在反抗神權的衝動，又剛好符合當時西班牙國君亨利二世反神權的潛在意識；於是，亨利二世不顧教宗的反對，接受哥倫布的大膽嘗試。哥倫布本身也是一個求知慾很強的人，因而促成了發現新大陸的創舉。不但為舊歐洲開闢了新天地，也為日後的觀光地理奠下基礎。

二、趣味

趣味是創新的原動力。很多無意之間的發明，都是透過趣味的觸媒來完成。觀光地理的發展自不例外。

當旅遊的路線飽和之後，求新、求變的商業因子也因應而生，充滿趣味的行程是自然的結果。旅遊和其它改革不一樣，旅遊不能死板；因此即使是再好的改革，如果沒有添加趣味的因子在裡面的話，是絕對無法獲得迴響的。觀光地理和前述的幾種地理最大不同是，觀光地理包含了趣味的內涵！

三、冒險

冒險是人類的天性，例如攀登喜馬拉雅山的聖母峰。冒險的方式有很多種：有的是個人的滿足，為登峰挑戰自然的極限，這種方

式在觀光地理中佔的分量很大。群體的冒險，就是觀光地理的重點所在了！

　　群體的冒險，並不是集體去向大自然挑戰；它是一種遵循過去已曾從事過的個人冒險，所規劃下來的路線而依循前進。當然，它也具有冒險的成分在內，但已不若最初開闢路線時的危險與艱辛。

　　一般來講，旅遊經驗豐富的人，他們對都市甚至是景點的旅遊感到提不起勁時，冒險旅遊很容易就被他們接受。但有一點要注意的是，當旅遊業者把觀光地理中值得冒險的路線規劃提供給消費者時，一定要以安全來做保證。因為沒有人願意興高采烈出遊，愁雲慘霧、敗興而歸的結局。

四、另類文化的擴張

　　這裡所指的「另類文化」的擴張，並非指政治版圖的擴張，而是指友誼的擴張。

　　在十八、十九甚至是二十世紀，人類面臨過無數次因國家版圖的更易，而留下解不開的民族仇恨，譬如說，第一次世界大戰結束，戰勝國強加分裂其它國家的版圖而據為己有，埋下另一次戰爭的種子。再者如，非洲殖民地獨立，各國版圖更易，但是，卻造成種族相殘的慘劇。上個世紀五○年代開始，中東和亞洲，不也是因為非人為的國家版圖更易，造成的戰爭不斷，且禍延至今。觀光地理的主要目的是要透過人與人之間的善意交往，慢慢的化解祖先遺留下的民族仇恨，讓人為劃分的疆界自然消滅於無形。當然，這不是幾句話，幾百萬名遊客，甚至幾十年光陰就可以化解的。觀光地理的主要目的之一，就是要鼓勵人們去做。當文化交往的頻率隨著時日而增加的時候，距離目的達到的日子也就不遠了！

第三節　觀光戰略景點的規劃

　　從觀光地理的角度來看，其戰略景點的規劃是十分重要的。因為地理幅員寬闊，而觀光客的遊覽時間有限，如何能在有限的時間內，讓消費者有一個滿意的旅遊，觀光地理的重要性也就顯現出來了！

　　觀光戰略景點的規劃，可以從幾何圖形和消費者的遊覽天數多寡而區分出來。

一、三角形戰略景點

　　是指先把一個國家內的三個重要觀光景點，在觀光地圖上用座標標示出來，然後再蒐集這些景點的資料，有系統地排列出來，提供給消費者選擇。在挑選時，最忌諱三個景點的特質具有雷同性。因此景點的挑選非常重要。

　　除了三角形之外，還有四方形和五角形，五角形是極限。超過五角以上，最好分為兩個三角形（六角形）或一個三角形加一個四方形（七角形）的作業方式搭配。

　　以下就以一個國家和多個國家來加以說明：

1. 一個國家——三角形——以英國為例

　　英倫（ENGLAND）參觀AVALON和STONEHENGE——蘇格蘭（SCOTLAND）參觀FINGAL'S CAVE——北愛爾蘭（NORTHERN IRELAND）參觀GIANT'S CAUSEWAY。

2. 多個國家——四角形

　　英國——法國——荷蘭——比利時

3. 多個國家——五角形

　　英國——法國——瑞士——捷克——德國

4. 多個國家——六角形

　　英國——挪威——瑞典——芬蘭——丹麥——德國

第四節 觀光地理和觀光市場的關係

把觀光地理運用到觀光市場上，是一門易學難精的學問。除了經驗加上常識之外，還要靈敏的嗅覺，能夠捷足先登以搶商機。經營旅行業的人很多，但能夠賺錢而不賠的人，卻沒有幾個。查其主因，不外是未能靈活地運用觀光地理中的的每一項重要訊息。掌握訊息是現代經營的首要學問。

一、訊息的掌握

訊息掌握有如情報分析，其結果往往會決定一件事的成與敗。例如，當美英聯軍攻打伊拉克的訊息最初傳出時，有經驗和缺乏經驗的判斷，將立判優劣。有經驗的業者，會先從觀光地理中找出「危機萬一發生」的替代市場，因為美國和英國早在半年前就曾發出攻打伊拉克的訊息。但是有很多人認為這只不過是一種威嚇戰術，因為聯合國的中、法、俄三常任理事國，傾向於等武檢有了定論之後才決定出兵與否。英、美斷然出兵，把與此相反判斷的業者的商機阻斷，一時之間也無法找到可替代的市場。SARS傳染病的發生以及業者對此所造成的影響而做出的判斷，其結果也和英、美攻伊一樣。能夠掌握訊息和做出立即判斷的業者，將永遠是贏家。

二、興趣

當第一本中文世界地理由義大利傳教士艾儒略在一六二三年完成時，也正式地將世界地理的常識介紹給中國人。在此之前，中國雖然也有《緒蕃志》和《島夷志略》之類的異域遊記和旅行誌，但主要在記錄南洋風土，而且被視為奇聞軼事，沒有人認真地當成一回事。但是，「奇聞軼事」卻成為觀光地理和觀光市場的主要結合點。因為人都有好奇心，想去一探究竟以印證虛實。因此，瞭解到

興趣和好奇心是人類天生稟賦的旅遊業者，一定會在這方面想盡辦法，推陳出新，利用觀光地理上每一個線索，安排最有趣味的路線。上述特色，在往後的章節中都會一一講述。

三、冒險

一九九一年十一月亞太旅遊組織（PATA）在尼泊爾開會，主題討論「冒險旅遊」（Adventure Tourism）。尼泊爾本身就是一個在觀光地理中最富冒險資源的國家，若是以一般常態地理而言，她只不過是高山峻嶺下的一個小國；但是從觀光地理上來看，她卻是冒險家的天堂。喜瑪拉雅山一共有八個主峰，其中七個主峰須經由尼泊爾進入，另外一個則由巴基斯坦進入。

尼泊爾觀光部指出，每年入冬之後，前來登山冒險的觀光客絡繹於途，為尼泊爾帶來了無數的觀光收入。尼國觀光部將收入的一半，用來再投資到觀光事業上，特別是針對冒險旅遊的響導教育，徹底強化。其主要目的是希望吸引到更多的常態冒險旅遊消費大眾，而並非特別的登峰專家。

在觀光地理的地圖常中，適合冒險旅遊（常態）的景點寫之不盡，但端要看策劃的人懂不懂得去開發而已。

四、規劃路線

規劃路線可以分成兩種：一種是專門提供給特殊消費大眾而設計的；另一種則是針對一般大眾而設計。

對於沒有經驗的旅遊族群而言，他們所依靠的就是旅行業者為他們提供的旅遊路線。在設計這類路線的時候，一定要包括在路線行程中的各種景點，貴多而不貴精。時下的許多旅遊廣告，例如：歐陸十四日遊、美加賞楓十日遊、東歐諸國二週遊等等。時間的安排和旅遊的景點，都一一列出來。一方面要用精華路線吸引消費大眾，另一方面表示白紙黑字，負責可靠。類似這類安排，均為初次

旅遊者所鍾愛。

　　對有經驗的遊客而言，因為他們對觀光地理已有了初步的瞭解，因而需要有「自主性的路線」。甚麼叫「自主性的路線」呢？其意是指由消費者提出想去的地方，由業者為其安排。這種旅遊方式，多見於FIT族群。如果業者本身對觀光地理沒有徹底瞭解或者是延伸觸角不夠的話，不但得不到商機，本身的商譽也會受損。

　　路線的規劃除了以固定的市場主導外，它和相關的新鮮事情也會相互關連。例如：某某地方發現新景點，或某某地方要舉辦一場空前未有的大型演唱會，甚至是奧林匹克運動會或世界足球總會公布下一屆世運、世足杯的舉辦國等，業者就要有靈敏的行動加以立即配合，以顯示本身的服務能力，取信於消費者。

五、價格

　　觀光地理有兩個經濟上的作用。它可以幫助業者節省開支，同時也讓消費者不會上當。業者賺錢是天經地義的事，消費者節省開支也無可厚非。如何在兩者之間取得平衡點，觀光地理就扮演著平衡的角色。

　　例如：消費者想從甲地到乙地，有經驗的業者可以從觀光地理的常識中，為它的顧客設計出一條經濟實惠的路線，假若沒有這方面的常識，自然就無法設計出來。

　　一個消費者如果也有觀光地理的概念和常識，他可以識破業者安排的路線會讓他花冤枉錢的技倆。常常聽到消費者的抱怨說，張三去某地的費用比自己去同一行程的費用至少便宜三分之一，查其主因，不外乎是因本身缺少觀光地理的常識使然。

六、新舊景觀、新舊路線

　　記得澳大利亞在慶祝立國二百年所舉辦的各類活動中，其中有一項最值得稱頌的是，搭乘先民由英國開往澳洲雪梨的古老航線，

再嚐試一下二百年前的滋味。這項歷史之旅是由澳洲慶祝立國二百年的委員會規劃。約在國慶日前半年，有三艘與當年庫克船長領航的相同帆船，由倫敦出發，沿著庫克船長的路線，往雪梨行駛。凡是庫克船長停泊過的港口，這三艘歷史之旅的帆船，都一一停泊，並和當地觀光團舉辦慶祝活動。距離國慶日前三天，船隻準時下錨停留雪梨外海，等到國慶日準時駛入雪梨港，接受港口內外成千上萬的澳人歡呼，為國慶慶典帶入高潮。

自澳洲舉辦這次成功的創舉後，新舊景觀、新舊路線的旅遊，又在觀光地理中重新浮現。為旅遊業開創了一條新路線。

歷史景點有其歷史背景，但如果能夠發掘出它的新旅遊價值後，用重新規劃或創意的手法來設計的旅遊地圖，就符合「舊景觀、新路線」的原則了。

對旅遊消費族群而言，「舊景觀、新路線」最具吸引力。因為很多地理上的名詞，可能會因時間流逝而湮沒，一但它又重新出現時，必定會引發世人的注意力，為觀光地理增添無限吸引力。

在歐洲和東南亞國家中，有許多傳聞的古蹟和歷史古蹟，或因天災、或因人禍而失落在地理的版圖上；不過，拜地理考古專家們的努力發掘，這些曾有過輝煌歷史的名城古蹟，再度和世人見面。一旦昨天的歷史，轉變為今天的新聞時，它就是明天的觀光景點。業者和消費者，都不能不注意這些新訊息。

七、結語

當然，把觀光地理運用到觀光市場上，除了上述的原則外，還有很多可資運用的方法。觀光事業的本身，就是一件易賺、易賠的事業，靈活運用和誠信交易應該是成功的不二法門。

「觀光地理」是一門新的課程，它和上一章所述的「課本地理」有所不同。前者是利用現有的資料，把它拼成各種不同的旅遊路線；而後者則是現有資料的鑽研，其間不涉及利益的關係。前者複

雜，後者單純。

　　「觀光地理」若能為業者和消費者提出一套公平的旅遊方程式，這樣一來，觀光地理的功能就達成了。

Travel Tip

　　根據外電報導，聯合國教科文組織第28屆世界遺產委員會議，於西元2004年6月28日在中國江蘇省蘇州市一連舉行十天，探討如何保護世界自然文化遺產。在本屆會議以前，共有129個國家的754處遺產已被列入「世界遺產名錄」，包括582處文化遺產、149處自然遺產、23處文化和自然雙重遺產。

　　此次會議通過不少世界文化遺產申請案，但其最值得一提的是，大會一致審查通過中國和北韓共同申報世界文化遺產的高句麗王城、五陵遺址，共同被列入世界文化遺產名錄。這是二國同時被列入同一文化遺產名錄的首例。不但是中國和北韓雙贏，也是此屆世界遺產委員會會議的一項前瞻性的判例。因為日後若同樣引發爭議性的文化遺產申請案，大會均可用此案為判決案例。聯合國專家讚歎「為一種已消失的文明提供見證。」

　　相信不久之後，「高句麗古蹟」將會成為觀光地理中的另一顆顯眼明珠。

Travel Tip

英國傳說中的亞瑟王（King Arthur）的故居Camelot，就是一個吸引遊人的地方。雖然故居不在（從未出現過），但透過傳奇的故事和詩篇，再加上好萊塢的「推波助瀾」；於是，Camelot就變成遊人追尋的地方。它就像彩虹，是那麼的眞實和近在咫尺，但就是永遠追逐不到它。

從上個世紀五十年代好萊塢拍攝由勞勃泰勒（Robert Taylor）和愛娃加娜（Ava Gardner）主演的圓桌武士（Knights Of The Round Table）開始，經過由李察哈理斯（Richard Harris）和凡妮莎‧雷德葛瑞芙（Vanessa Red Grave）主演的鳳宮劫美錄（Camelot），到由李察吉爾（Richard Gerre）、史恩康納萊（Sean Connally）和茱莉亞‧奧蒙（Julia Augmond）主演的第一武士（The First Knight）以至2004年的亞瑟王（King Arthur）都是「義務」爲Camelot做宣傳。

好萊塢不但爲美國的觀光盡到宣傳之力，同時也爲外國的傳奇景點和風光明媚之地推廣。從觀光地理的角度來看，的確是一件好事。

Reykjavik

Oslo Stockholm Helsinki

Belfast
Dublin

København

London Amsterdam
Bruxelles Bonn Berlin Warsaw
Luxembourg
Paris Prague Lvov
Kiyev
Bern Wien
Budapest
Lisboa Beograd Bucaresti
Madrid Roma Sofiya
Tiranê
Athinai

Moscow

EUROPE

VACATION GETAWAYS

歐洲篇

第二章
歐洲的「外島」——英國

OLD MAN OF HOY
荷伊島上的老人

FINGAL'S CAVE
旋律洞穴

GIANT'S CAUSEWAY
巨人長堤

ENGLAND

LONDON（WIMBLEDON）
倫敦溫布敦

STONEHENGE
（巨人石群）

AVALON鳳宮（CAMELOT）

第一節　歷史沿革——英語系的英國人

一、外島的形成、語言的形成、霸權的形成

從歐洲人的眼光來看，英國只不過是一個小小的「外島」。可是，千萬不要小看這個「外島」，因為她主宰著世界政局長達三百年之久。日不落國的帝國霸氣，就好像是太陽一樣，永遠不會消失。

遠在七千五百年以前，英國就和歐洲大陸分離，冰河將英國和歐洲大陸的臍帶割斷。隨後，島上的原始民族和外來的入侵者，例如：諾曼人、維京人、丹麥人以至日後的羅馬人，先後都在這個歐洲的外島上被統治過。島上原始的薩克森人最後變成最大的部落，薩克森語摻雜一些維京語和丹麥語，也就演變成統治過世界的英語。目前流通世界的英文，站在英國人的立場而言，只不過是美國的商業英文罷了。

英國的強盛，應該是從伊麗莎白一世開始，當海權慢慢地擴張，而英國的海上霸權也正式形成，並歷經過二次海上大戰役。一次是一五八八年擊敗來犯的西班牙無敵艦隊Armada；另一次則是一八〇五年擊敗法國拿破崙的艦隊。前者鞏固了英國的國本；後者則是向世界宣告，英國將是世界霸權之主。

二、海上霸權——國力是領土擴張的憑藉

一八〇五年英國海軍英雄Lord Nelson率領英國海軍艦隊，發揮以寡擊眾的海上游擊戰術，一舉將法國的海上勢力摧毀。雖然這位英雄在此戰役中為國捐軀，但英國人對他的崇敬，是永不止息的。時至今日，英國倫敦Trafalgar Square仍保留在十餘尺高的紀念碑，Lord Nelson的全身塑像聳立其頂，遙望英吉利海峽。每經其塑像之

旁，彷彿二百年前的海上戰場又重新再現，砲聲、吶喊聲，肉搏聲勢和海淘聲混成一體，而最後勝利的歡呼聲有若嬰兒出生的第一聲喊叫，亦表明英國帝國霸權由是誕生。

英國霸權的誕生對世界的地圖產生了極大的變化。英國的艦隊不但隨著西球牙、葡萄牙和法國艦的航線，繼續向前駛進，而且還超越前者，並以無遠弗界的心胸，開闢帝國疆土。

英國帝國版圖的擴張，到了維多利亞女皇登基五十週年慶達到極致，日不落國也由此而來。英國版圖擴張對世界地理也產生了震撼性的影響。非洲黑暗大陸隨著英國征服南非之後往北方向心臟地帶進軍。英國的探險家也獨自向東非和西非進行深入性的探險。他們每到一地，就把新的版圖納入大英帝國之內。

除了非洲之外，英國人又從埃及進入近東、中東以及遠東。閉關自守的中國，也被英國人敲開了天朝的大門。為甚麼英國人要把亞洲分為近、中、遠三個地理區域呢？因為是以英國朝廷為中樞，

莎士比亞故居

以距離英國近的地區，稱爲近東，如土耳其及其相鄰之地；中東則是阿拉伯半島一帶諸臣屬地；遠東則是以中國及香港爲主要據點。英國人雖然征服了印度，但是印度也變成英國的不定時炸彈。部落的叛亂，幾乎無日不有。

幫助英國向海外擴充的另外兩大原動力，分別是宗教的企圖心和工業革命的成就。前者本著基督教傳播福音的啓示，英國人也以傳播天國福音者自居，利用宗教的感化，從而收取宗教殖民地的人心；後者爲工業革命的成果之一，即發明了船用的鍋爐，使其成爲幫助帝國版圖擴張的利器。

三、版圖擴張帶來的衝擊

英國無限國力的擴張結果，也爲本身帶來負面的影響，而且長久遠深，時至今日，英國人仍深受其困。

隨著英國海外殖民地的擴張，大量的人力，特別是充滿冒險血

倫敦泰晤士河河景，雄偉的建築即英國國會民主的象徵。

液的年輕人，都隨船出海，到海外打天下。於是，他們留下的人力
空缺，不是由婦女取代，就是由殖民地的臣民擔任。婦女到外工作
久了，婦權也隨著高漲，這是好的一面，因為婦女不再是受壓榨階
層。海外臣民到了英國之後，他們自然而然成為最低下的階層。他
們和白人的社會變成兩個相差懸殊的階層。當低下階層的海外勞工
聚集愈來愈多的時候，社會的動盪也將接踵而至。

　　二十世紀後十年，英國大城發生的暴亂如倫敦（London）、利
物浦（Liverpool）、伯明罕（Birmingham）以及布里斯托
（Bristol），主因都是種族問題所引起。亞裔、非裔的英國人愈來愈
多，以大倫敦地區而言（一九八四年），有百分之六十四的小孩，
他們的母親都是來自海外。因為他們無法融入英國的中上層階級社
會，心理上自小就養成一種被排拒的自卑感。於是，每當發生一些
敏感的事件，即使是微不足道的小事，也會引起燎原野火，一發不
可收拾。

四、轉變的英國

　　從一八○五年英國打敗法國艦隊開始，直到一九○一年維多利亞女皇駕崩，整整強盛了二百年的大英帝國，也開始由興盛轉向衰退。這是歷史的軌跡，沒有一個帝國可以避免。

　　第一次世界大戰之後，大英帝國的體質逐漸開始衰弱。到第二次大戰結束，英國的海外殖民地不是靠武鬥獲得獨立，就是透過和平方式取得政權，建立新國家，且具有骨牌效應。當年大英帝國的日不落國，也變成大不列顛及北愛爾蘭聯合王國（The United Kingdom Of Great Britain and Northern Ireland），治權只限於英國本島及北愛爾蘭，大英國協也只不過是讓英國女皇做一個有名無實的虛位元首而已。

　　英國本土的社會動力，並沒有因為種族的階級而有所消失，但這股動力卻日益壯大，變成社會的另一股凝聚力。這股力量是甚麼呢？那就是體育精神（Sportsmanship）。假如說英國社會仍存有種族階級的話，那麼只有體育的這個階層是一個大熔爐。只要有真本事，不管血統或文化背景，就能夠在公平競爭的原則下，拼出自己的一片大地。

　　英國是世界第一個發展足球的國家，並在一八五三年成立足球協會。英國足球球員來自各個階層，不同種族，一同在綠茵草上競技。

　　草上網球首在一八七三～四年正式向世人見面，而溫布敦網球大賽也在一八七七年正式開始；高爾夫球源自蘇格蘭；橄欖球在十九世紀由Warwick-Shire橄欖球學校組隊出賽；迴力球隊在一八五○年由Harrow School成立；第一次田徑大賽始於一八五○年；板球也源自英國，變成日後的夏季流行運動。

　　源自英國的各種體育活動，隨著國力向外推廣而變成日後殖民地的傳統運動，即使等到各殖民國陸續獨立之後，這些運動並沒有

因為獨立而遭揚棄，反而變成相互之間維繫友好關係的橋梁。這也成為吸引觀光客的一種重要項目。

有不少學者在研究英國和歐洲國家（霸權）關係的時候，都不禁在問，如果西班牙的無敵艦隊擊敗英國或拿破崙在Trafalgar戰役中，擊敗了Lord Nelson，世界不知道會變成什麼樣子？雖然這些都是沒有結果的爭辯，不過，站在一個講授觀光地理的人的立場來看的話，假若英國戰敗，世界地理會改觀，那麼觀光地理也許就沒有那麼多精彩的章節了！

第二節　英國的觀光地理的吸引力

英國本土——英格蘭、蘇格蘭、威爾斯、北愛蘭及環繞本土附近的諸小島，全部的面積只有244,119平方公尺，遠小於義大利，只佔美國國土的十分之一大，尚不及法國面積的一半。但是英國卻是一個觀光資源十分豐富的國家，其在觀光地理中佔了十分重要的地位。

英國是一個地小人稠的國家。在人與土地爭生存的惡劣環境下，英國還能保留每年吸引二千萬以上觀光客來到訪，查其原因，不外乎下列幾點：

一、成立國家信託基金

國家信託基金成立，不但保留歷史文物古蹟和維護遊憩觀光景點，進而能夠吸引遊客到訪。曾造訪過英國的人，對其幽靜的田園之美，印象一定非常深刻。一望無垠的鄉村原野，實在讓人無法想像英國只不過是一個蕞爾小國。

最能反映英國的深遠文化的地方，是鄉村的教堂和從教堂飄散出來的詩歌聲、琴韻聲和鐘聲。特別是週日和假日到英國的鄉村遊

玩，遊客們可以發現，英國雖然已不再是帝國，也不斷受到種族暴亂的騷擾，但在寧靜的鄉間裡卻沒半點暴戾之氣，這就是英國屹立世界舞台而不墜的大支柱。英國的公園到處都有，但如果沒有信託基金的運作，相信有一天公園也會變成水泥森林了。

英國首都倫敦，仍然保留著大英帝國的氣勢，王者之都，名不虛傳。英皇白金漢宮前的衛隊換防儀式，就是說明著英國能夠稱霸世界舞台，是其來有自的。而莊嚴肅穆的換崗儀式，也是世界觀光客來倫敦參觀必到的焦距景點。倫敦劍橋和牛津兩所大學不但是培育人才的搖籃，也是觀光客流連忘返的地方。英國大文豪莎士比亞位於愛汶河畔史特拉福（Stratford-Upon-Avon）的故居，也是拜信託基金之賜，讓這座建於十六世紀的建築，得以保留原來的風貌，且完整無瑕。這座故居也變成遊客們攝影取景的主題，詩人墨客們尋找美感的「聖殿」。

二、神話傳奇景點的吸引

英國是一個歷史悠久的國家，也因此流傳了豐富的神話和傳奇故事。當這些神話和傳奇故事代代相傳下來之後，傳聞事蹟所在的地點，也就演變成為觀光景點。

英國最有名的傳說之一，就是帶領圓桌武士的亞瑟國王生前所居住的鳳宮（Camelot）。歷代相傳，都有這麼一個皇宮存在，但沒有真正的遺跡，所遺下的只不過是殘垣敗瓦和想像中的景像。英國詩人Lord Tennyson有這麼一句引人入勝的詩句：「這裡就是讓人著迷的城堡，由亞瑟王一手建造的鳳宮就在城堡的中心，可是，上帝啊，那裡壓根兒就沒有這麼一個城堡，那裡只有一個美麗的幻象。」

不過，在英國之西有一個名叫Avalon的小島，相傳是亞瑟國王下葬之地。他在生前最後一次戰役中受重傷，由他的兩位妻子及隨

侍從英國乘船到Avalon島療傷，最後回天乏術，下葬在那裡。十二世紀英國作家傑夫利寫了一本傳誦一時的史詩，名叫《不列顛諸王史》（History of the Kings of Britain），書內就有一章專門講述亞瑟王的最後歸途。亞瑟王和Avalon的關連就是由這本書中透露出來。諸王史也變成日後的暢銷書。

三、神奇的建構，迷人的景點
——巨人石群STONEHENGE

　　英國有許多神妙的建構，都無法用現代的科學論證去分析出建構的過程。其中最神妙的景觀，就是在莎利斯貝里（Salisbury）城郊高聳而起八十塊巨石。人們稱之為Stonehenge。這八十塊巨石，每塊重四噸，最神奇的地方是莎利斯貝里是一片草原，巨石源自何處著實令人百思不解。不過，人們的習慣就是把不解的東西歸於神的力量，因為只有神才有這樣大的魔力。

　　根據考古學者印證，Stonehenge巨石的歷史，遠在埃及古代法

Ｓtonehenge

魯王朝時代之前就樹立起來了。根據英國的神話，這八十塊大石頭是由八十個巨人變成的，相傳這八十個巨人下凡因不守清規而遭天譴，他們被天神懲罰，停止他們的身體活動，於是，他們就原地不動站在那裡，一站就有數千年之久。

　　不管神奇故事怎麼說，Stonehenge成為英國的觀光景點，每年吸引成千上萬的遊客來此攝影留念。所拍攝到的圖像不就是很震撼的景象嗎？

四、迷人的自然景觀

　　英國本來是和歐洲大陸連在一起的。因為地殼震動和冰河時期的割裂，英國終於和歐陸分開。不但形成日後不同的種族、語言和文化，而且自然景觀也有很大的區別。島國的奇景，自有別於大陸景色。現在介紹幾個迷人的觀光景點，它們都屬於「世界景色奇觀」（Scenic Wonders of the World），也是觀光客膜拜的「觀光聖地」。

（一）FINGALS CAVE旋律洞穴

　　位在蘇格蘭，它是蘇格蘭最美麗的洞穴。洞穴完全是由玄武石構成，它們呈五角形或六角形有秩序地從洞口外一直延伸到洞口內。因為洞穴直通外海，海風由外向內吹進來，像是一曲美好的旋律。英國大作曲家孟德爾頌（Mendelssohn）在一八三〇年因為聽到來自海浪撞擊玄武石的回聲，忽然啟發靈感，完成令人百聽不厭的「海布里群島序曲」（Hebrides Overture）。

（二）GIANT'S CAUSEWAY巨人長堤

　　位在北愛爾蘭，依照愛爾蘭人的說法，巨人長堤是由愛爾蘭巨人Finn Maccool獨自從海底把玄武石搬上來砌成一條從北愛爾蘭延伸到蘇格蘭的跨海長堤。有人把它形容為世界第八大奇觀。這條長堤一共用了四萬塊玄武石砌成，非常均衡而有秩序，即使用現代化

的工具器材，也沒有辦法完成這項浩瀚工程。

　　愛爾蘭的傳說，是巨人Maccool和他的蘇格蘭勁敵巨人Fun Gall競爭築堤，Maccool花了一天時間把這條越海長堤築好，已是勞累不堪便回家睡覺。對手Gall從蘇格蘭跑來看他，一見臥睡的巨人的龐大身軀之後，一身冷汗直流。最讓他吃驚的是，巨人的太太對他說，睡著的巨人，只不過是他的兒子，Gall一聽之後，連夜奔回蘇格蘭。在回程中，他把建在海中間的一段堤防完全摧毀。

　　當然，地質學家的說法，並沒有那麼玄奇。不過，他們也不能解釋爲甚麼在北愛爾蘭這邊的一段，和蘇格蘭那邊的一段，完全一模一樣，連石頭的形狀也不例外。

（三）OLD MAN OF HOY荷伊島上的老人

　　屹立在蘇格蘭外島The Orkney Island中的小島Hoy的聳天巨石，好像是一個孤懸外海的燈塔，向航艦指點迷津。它又好像是通天的煙囪，終日與海風和巨浪搏鬥。最好的形容，自然是孤獨的老人站在海邊，遠眺海的遠方，期待遠遊異方的遊子早日回來。石塊上斑斑巨痕，就好像是飽經風霜老人臉上的歲月痕跡。毅力，讓它

Old Man of Hoy

頂往來自大西洋凜冽的刺骨寒風，以及忍受著無止無休的海浪衝擊。

　　參觀Old Man of Hoy最好攜帶禦寒厚衣，即使是盛夏，海風颳到臉上，仍有如刀割，冬天更不言而喻了！

Travel Tip

　　2004年六至七月在倫敦舉行的溫布敦網球大賽，雖說是一年一度的「例行賽事」，但每每因為非種子球員的異軍突起，或者是網球冷門國家的球員爆冷闖入決賽圈。雖屬一年一度的賽事，但仍然吸引國際媒體的關注和網球迷們群集英國溫布敦看球，球場興起熱潮不說，直接獲益的自然是觀光相關事業。

　　此次溫布敦有兩件事值得一提：首先是，我國青年網球好手王宇佐打進第二圈，並在中央球場和種子球員羅迪對決，雖然敗北，但也讓對手驚出冷汗。台灣和王宇佐一再出現在播報員口中，透過實況轉播，也讓全球更加認識，這也是觀光地理宣傳的另類表現。倘若王宇佐日後表現更好，闖進半決賽或決賽，那麼，台灣在國際觀光地理中的知名度提升，自然不在話下。

　　第二是：俄國少女莎拉波娃以十七歲之齡，擊敗二屆溫布敦冠軍小威廉絲，俄國和莎拉波娃兩者隨即結合為一。因為莎拉波娃是冷門姿態奪冠，其所造成的高潮，連帶俄國也受益匪淺。

　　觀光地理是一門能和多元活動結合的項目，如能加以靈活運用，自然在觀光市場上取得先機。溫布敦網球賽只是其中的一個例子。

第三章
法國的觀光文化與觀光地理

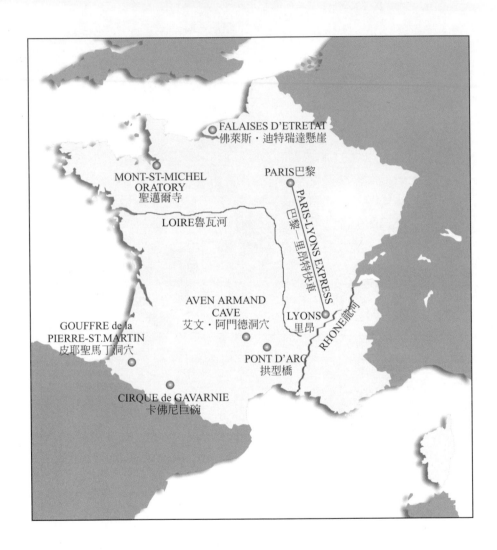

FALAISES D'ETRETAT
佛萊斯・迪特瑞達懸崖

PARIS巴黎

MONT-ST-MICHEL
ORATORY
聖邁爾寺

PARIS-LYONS EXPRESS
巴黎一里昂特快車

LOIRE魯瓦河

AVEN ARMAND
CAVE
艾文・阿門德洞穴

LYONS
里昂

GOUFFRE de la
PIERRE-ST.MARTIN
皮耶聖馬丁洞穴

PONT D'ARC
拱型橋

RHONE龍河

CIRQUE de GAVARNIE
卡佛尼巨碗

第一節　法國的觀光文化

一、觀光文化的興起

　　法國是一個多樣化的國家，有如一個萬花筒，看起來五彩繽紛，且變化無窮。例如：法國具有山河美景、明媚的鄉村風光、繁榮的大都會、四季不斷的時裝表演和藝術節目、讓人垂涎欲滴的美食好酒，在在都讓法國成為一個觀光大國。以二○○○年的統計，共有八千萬名觀光客前往觀光遊覽，這個數字說明了一切。

　　嚴格講起來，法國發展觀光只不過短短四十年。一九五八年十二月二十一日，當時的法國總理戴高樂將軍贏得總統大選，出任第五共和的首屆總統。在他主政十年期間，有兩件重要的事情發生：其一是讓阿爾及利亞（Algeria）獨立，斬斷師老兵疲的負擔後，才有錢致力於國內發展；其二是宣揚法蘭西文化，換言之，也就是現在流行的推展觀光。戴高樂隨後的龐比度總統、季斯卡總統、密特朗總統和現在的席哈克總統都遵循他的腳步，把法國的觀光文化推向世界。

二、觀光文化的支柱

　　法國的觀光文化有四大支柱，現在列述於後：

（一）豐沛的觀光景點VISTAS OF A DIVERSE LAND

　　法國地處北極和赤道之間，因此，風景景觀也隨著氣候與地形不同而有所變化。法國具有海洋（大西洋）型氣候，內陸型氣候和地中海型（熱帶）氣候。她的地形也和歐洲其它國家不一樣，北和義大利接壤的阿爾卑斯山脈（Alps）及南和西班牙接壤的比利尼斯山脈（Pyrenees），都是冬季的滑雪勝地，崇山峻嶺，風景雄偉，

也爲攝影家們帶來無限靈感和挑戰性。在法國的東面是地中海，尼斯城（Nice）迷人的熱帶風光，不但吸引法國人，同時國外來訪的觀光客也不願意放棄饒富情調的法國海灘Riviera。西面大西洋所帶來的海風，潤濕了法國的內陸，農村和葡萄園區變成另類的鄉村文化特色。如龍河河谷（Rhone Valley）及魯瓦河谷（Loire）就是最好的例子。

　　巴黎（Paris）是法國的首都，香榭大道（Champs-Elysses）是法國抒情文化的表徵。在夏末的黃昏，坐在香榭大道兩旁的咖啡座喝杯咖啡或品嚐美酒，若非身歷其境去感受，是無法體會出法國人獨特的休閒時光。而巴黎的賽納河（The Seine）也是美不勝收的好去處。特別坐船看巴黎的落日風光和夜晚賽納河兩岸熱情青年男女的熱情開放，把巴黎人特有的浪漫個性，表露無遺。法國人極有創意，現在把賽納河兩岸鋪上一層厚厚的細沙和種滿椰子樹，讓人感受到巴黎也有沙灘之美。

法國巴黎凱旋門

　　法國的鄉村小城自成一格，它的建築與風土人情，卻與大城市迥異，這些鄉村小城才是一國精髓之所在。巴黎和里昂之間，有一個鼎鼎大名的小城——邦因城（Beaune），它的建築完全保留中古世紀的風味，踏著碎石小街，就好像走在歷史的時光隧道裡，因爲小街兩旁的古建築物，早已在大城市的人潮中湮沒。

(二) 美酒和美食BEAUTIFUL FOOD AND WINE

　　世界上最好的名貴葡萄酒來自於法國，而前一個世紀法國出產的葡萄酒，被公認的人類史上最偉大的一個世代。於是，法國的葡萄酒變成國際觀光必要之物，不但要品嚐美酒，而且還要購買，還有觀光客要訂購。美酒，爲法國帶來可觀的觀光收入。和美酒有關的不外是美食，法國在吃的方面也獨佔鰲頭，正餐正點不說，即使現在流行的速食，法國也是位居第一。以法國的鵝肝醬（Foie Gras = Fatty Liver）而言，每年就出產一千噸，但仍然供不應求，有時

法國小城BEAUNE

巴黎聖母教堂

只好用鴨肝醬充數。但目前已從匈牙利進口一千噸鵝肝醬，以應市場需要。

要到法國欣賞美酒，最好的地方莫過於鄉村的古老酒莊。它不但吸引人，即使是一個不太喝酒的遊客，到了酒莊之後，也會被那種寧靜而溫馨的環境所感染，時間待得愈久，愈是不想離開。喜歡品嚐美酒的人，自然更不在話下了。因為酒莊的美酒都是酒莊自己珍藏的，只有進住的客人，才能享受到極品。到法國旅遊，如果能夠參加葡萄酒之旅（Wine Voyages），定有不虛此行之感！

說到法國的吃，不能不提到世界有名的老饕之都──里昂（Lyons）和海鮮之都馬賽（Marseille）。在里昂城裡，住了好幾千名美食品味專家。由於人才輩出，里昂城的餐飲業，在法國也居執牛耳的地位。從法國的田螺到鵝肝醬，從兔肉、鴨肉到鮭魚，一再說明了法國吃的文化有其獨特之處。馬賽的海鮮是以新鮮而出名，馬賽的漁夫深夜出海捕魚，清晨返港。漁貨清理之後，除供應本地

餐館外，其餘則空運巴黎，讓巴黎人也可以品嚐到新鮮海鮮。在馬賽港口附近，有很多海鮮餐館，它們並不十分講究裝潢，但海鮮的品質，卻是一等一。到法國專門吃海鮮的觀光客，一定要到馬賽港口的海鮮館吃才過癮。

到巴黎觀光，不要忘記去「尋根」。這裡所指的尋根，就是要尋找外地移民者到巴黎開設的餐館。不論是大宴小酌，這些代表著祖先留下來的傳統烹調手法和家傳菜譜，不但讓法國人讚口不絕，而且也會讓一些懂得吃的「國際饕客」拍案稱奇。因為，若然不是一等一的好菜，是絕對不容易在巴黎立足。

（三）世界時尚之都 THE FASHION CAPITAL OF THE WORLD

自法國路易十四（Louis XIV）國皇任命重商主義的哥爾伯特（Colbert）出任首席部長以來，法國政府就決定鼓勵發展華貴的貿易，於是生產高貴品質的商品變成法國生產線的主流，法國也因而成為歐洲高貴時尚穿著的指標國家。時尚的聲譽由是建立，巴黎成為的世界時尚的代言人，一路領導著流行的風潮。

現在的巴黎，只要是談到婦女時裝，一定會立刻想到巴黎市內的福堡格・聖霍諸瑞區（Faubourg St. Honore Sqarter）。在那裡，法國的名牌廠家林立，從Laroche到Yves St. Laurent；從Pierre Cardin到Hermes，凡是世界的法國名牌店，在那裡都可以看到。有些商店的建築物，已超過二百年的歷史，歷次的戰火之亂，都沒有把它們摧毀。可見，時裝是多麼的有魅力，即使是殘酷的敵人也不願意去破壞藝術品。

Faubourg St. Honore在十八世紀時，是法國巴黎高級住宅區的條道路，道路兩旁的商店，自然是以服務有權勢和有金錢地位的顧客為主。時至今日，這個地區還是有錢人的專屬，不過時裝店也改變了經營的方式。除了少數的名牌時裝店還把貨品展示在櫥窗內，大多數的名品商店，都在櫥窗內擺設一些高尚的藝術品，讓即

使不準備花錢購物的觀光客,也能滿足一下視覺的感受,來一趟櫥窗遊覽之旅。法國除了時裝之外,很多名牌店也開始推陳出新,出售時裝的附屬品牌,例如名牌的手錶、皮包、眼鏡、皮鞋和皮帶等等,以滿足購物者追求名牌的慾望。

法國能成為世界時尚之都,其來有自。但是如果沒有法國人那種天生俱來的藝術浪漫思想,也不會設計出這種吸引目光的時尚物品,而且都是走在時尚領導的先鋒,也讓法國的觀光地理能獨樹一幟。

(四)文化與藝術的名勝地SHOWPLACE OF ARTS AND CULTURE

到巴黎的人,自然不會忘記參觀凡賽爾宮(The Palace of Versailles)和羅浮宮(The Louvre Museum),因為它們是法國文化藝術的指標。

在法國,文化藝術一向是用來作為生活品質提升與否的正確指標,而且也可以解讀為政府是否鼓勵文化藝術的政策!自戴高樂執政以來,歷任政府都有一種文化使命感(Maisons de la Culture)。透過政府的贊助,法國政府分別在十五個省設立文化藝術中心。中心的主要目的是鼓勵舞台劇表演、電影活動、音樂表演、專題演說以及各類型展覽。文化藝術到各省紮根,自然有助全國生活品質的提升。法國人就靠各類型的文藝活動,以維持他們樂觀和浪漫情懷。

當然,巴黎依然是法國文化藝術之都。從一九七〇年代到一九九〇年這二十年間,巴黎出現了兩項文化藝術新指標。一個是由政府贊助興建的「龐比度藝術中心」(The Pompidou Center)在一九七七年正式開幕。這個用來記念法國已故總統龐比度的藝術之宮,沒有讓法國政府失望,因為每年參觀的遊客人數已超過艾菲爾鐵塔(The Eiffel Tower)和羅浮宮。羅浮宮的擴建和翻修計劃也是法國政府的大手筆,負責批准擴修計劃的是法國密特朗總統,因為他本

人也是浪漫藝術者。翻新後的羅浮宮已和前身不一樣,其中最引人爭議的擴充建築,是由華裔建築師貝聿銘設計的一個現代建築展覽館,而館址就在羅浮宮廣場之前。這是貝聿銘生前最後一次遺作,貝聿銘完成設計之後即患老人痴呆症,雖然建築完成的開幕禮有請他出席,但他茫然若失,根本不記得這座引發爭議的雄偉建築源自他的構想與計劃。

　　法國的坎城影展,也是吸引全球關注的重要藝術活動,它的聲勢,並不弱於奧斯卡金像獎頒獎典禮,有時還會超越。一年一度的坎城影展也是吸引觀光客的一個大盛會,除了大型的藝文活動之外,巴黎的香榭大道常有路邊藝術表演,有些是舞蹈,有些是繪畫;特別是後者,經常會有精彩之作,而且索費不高。不少識途觀光客都會去碰運氣,尋找一些珍品。

　　法國的觀光文化和其浪漫的民族性是不可分割的。法國大革命的口號是「自由、平等、博愛」(Liberty, Equality, Fraternity)。這三個口號,也就是發展成觀光的重要指標,對一個發展觀光有成的國家而言,三字真言,缺一不可。

第二節　法國觀光地理的特殊地標

　　法國地理位置特殊,南北靠山,東西面水,因此有不少值得去觀賞的特質,也可以說一年四季都有好去處。冬季可以去高山滑雪、春天到處鳥語花香、秋天的楓紅和色潤珠圓的葡萄以及夏季海灘戲水。自然的景觀加上歷代文物所展現出的風華,都讓這些美景變成法國觀光地理中的特殊地標。

一、聖邁可寺MONT-ST-MICHEL ORATORY

　　聖邁可寺對法國人而言,有如埃及人膜拜巨大的金字塔一樣。它在法國人心中的分量,不言可喻。聖邁可寺位於法國諾曼地西南

角，建於西元第八世紀，由當時阿芙連契斯（Avranches）主教聖‧奧伯特（St. Aubert）建造。相傳天神阿陳格爾‧邁可（Archangel Michael）托夢給他，要他在附近一塊孤懸於海上的大巨石上建造一所專門祈禱的寺院。聖‧奧伯特起初以為只是一個平常的夢，並不以為意，但隨後又托夢兩次，奧伯特不得不相信天神的托夢，立刻到附近出訪，果然發現在其教區不遠的外海有一塊龐大巨石，高聳而立。於是，他開始動工興建，一共花了二十五年興建完成。但落成時的彌撒大典，已經是第三位主教了。

聖邁可寺

二、艾文‧阿門德洞穴AVEN ARMAND CAVE

艾文‧阿門德洞穴位在法國南部，一八九七年由法國洞穴專家路易‧阿門德在法國南部羅塞瑞（Lozere）地區發現。最讓人驚訝的是，洞穴內的鐘乳石排列整齊，而鐘乳石的高度有若幼松，大約在40公尺左右。洞穴深入地下70公尺，每個主要洞穴的面積有如一個教堂，雄偉可觀。

三、佛萊斯‧迪特瑞達特懸崖FALAISES D'ETRE-
TAT

佛萊斯‧迪特瑞達特懸崖位於法國La Havre港以北，和英吉利

海峽英國領土的杜佛港口遙遙相對。同樣是懸崖，只不過英國杜佛港口的懸崖呈現乳白色，但法國這邊的卻呈赭紅色。

迪特瑞達特懸崖是由石灰石形成，以前是一個漁港，現在卻是有名的別墅區。由於懸崖的石灰石質地鬆軟，加上千年以來的風雨侵蝕，岩石的表面淺層不一的脫落，因而形成不規則峭壁，十分壯觀。

迪特瑞達特懸崖本身呈赭紅色，因此每天的顏色會隨著陽光照射角度的不同而有所變化。畫家和攝影家均為這種自然奇景而著迷。同時它也是詩人和小說家們的靈感發源地。法國有名的印象派畫大師Claude Monet和作家Guy de Maupassant均為常客，觀光遊客更不在話下。

四、卡佛尼巨碗CIRQUE de GAVARNIE（COLOS-SAL BOWL）

卡佛尼巨碗位在法國和西班牙交界的比利尼斯山Pyrenees山脈下，是一個天然形成的露天大戲院。其形有水碗狀，底3公里寬，碗壁高1,500公尺，有若古羅馬時代的露天戲院，或競技場。這個巨碗是法、西兩國的天然交界，山層也是重要的水資源區。四週環山的瀑布，有若一幅仙境畫，看起來宛如水從天而降。La Grande Cascade是歐洲第二大瀑布，高達423公尺。瀑布的水分兩邊而流，在西班牙這邊的瀑布水流流到地中海，法國的水流到大西洋。

法國文壇才子雨果（Victor Hugo）第一次登上峰頂往下看到巨碗，驚為天神之作。從法國通往西班牙的山路上有一個巨大隘口，名叫Roland's Pass，相傳法國查里曼大帝姪兒羅蘭在征西班牙時，用他的巨劍開闢隘口，好讓士兵輜重通過。

五、皮耶聖馬丁洞穴GOUFFRE de-la PIERRE-SAINT－MARTIN

皮耶聖馬丁洞穴（Pierre St. Martin Cave）的發現是相當偶然

41

的。根據記載，一九五一年時，法國的洞穴專家組隊在法境比利尼斯山腳下找洞穴時，忽然之間看到幾隻烏鴉從地下飛出來。這個突如其來的奇景，讓探險隊員們直覺的反應是，地下一定有洞穴。他們循烏鴉飛出來的路徑尋找，果然發現一個地洞。於是，他們丟下石頭，但卻沒有任何觸地的迴聲，其中一位個子矮小的隊員自願冒險，他用鐵鍊綁著身子，不斷往下降，一直到了320公尺之後才著地。地洞的結構有若煙囪，事後考查證明，它是世界上最深的煙囪型地洞了。

六、拱型橋PONT D'ARC

拱型橋（Arch Bridge）位在法國南方龍河河谷，為天然形成。根據地質學家考證，這個壯觀的天然拱橋，是因為水流加上風速將灰色的石灰石鬆軟部分侵蝕，河水千百年來不斷沖擊，加上時速120公里的颶風，硬生生地把它開鑿成一個35公尺高（相當於九層樓高度），60公尺寬的拱門，成為日後法國觀光地理特殊地標之一。

拱型橋

Travel Tip

西元2004年的法國自行車公開賽（The Tour de France）於七月六日開始到七月二十六日結束。這是一項挑戰選手們的體能與耐力的體育競賽。美國自行車好手阿姆斯壯以最大的企圖心參賽，以奪取六連冠及打破大賽紀錄為主軸。（註：阿姆斯壯於七月二十六日取得冠軍，完成六連霸壯志。）

法國自行車公開賽最吸引人的地方是，它不是在同一個地區舉行，而是環繞法國國境一週為比賽場地，有高山、有平原；有農村酒莊美景、有沿海風光；因此稱之為Tour並不為過。

在長達19天的比賽中，除休息天外，國際電子媒體都會作實況轉播。美麗的風景隨車隊所過之處，盡收眼簾。這是為法國觀光地理所作的最好「義務宣傳」。

除法國自行車公開賽外，2004年五月舉行的法國網球公開賽，國際傳播媒體也為俄國做了一次免費公關，因為最後對決的女子冠亞軍爭奪戰，分別由俄國兩位選手出列，最後由梅絲基娜奪冠。

看來，沒有各種體育活動的國際化急速發展，觀光地理也會相形失色不少。

第四章
德　國

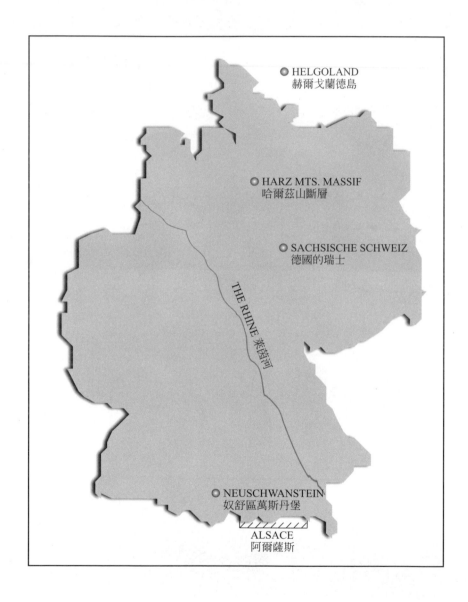

◎第一節　統一後的德國在觀光地理上的意義

　　一九八九年十一月九日，在東西柏林人通力合作之下，用他們的雙手，將柏林圍牆推倒下來，分隔四十年的東西德終於統一。於是，觀光地理必須重新規劃，因為到東德旅遊不再需要簽證；夜間行走，不會再有特務跟蹤。

　　現今距離柏林圍牆倒塌已有十多年之久，而德國也在西元二○○○年舉行還都大典，柏林再度成為統一後的德國首都。現在的柏林圍牆，變成國際觀光景點，相信四十年前東德共黨政權沿著貝納爾街（Bernaer Street）建造這座「罪惡之牆」時，絕對沒有想到日後它會有觀光價值。

　　現在舊牆的遺址，早已柔腸寸斷。在斷續的殘垣敗瓦中，觀光客可以發現許多留在殘破牆上的壁畫和標語。看得懂德文的人，可

前東柏林進入西柏林的哨站，現已成為紀念品販賣中心。

以從標語中領略到歌頌自由的誓詞，和作畫人及寫標語人的心聲。不懂德文的人，也可以從壁畫人物表情中，體會爭取自由的代價是多麼的昂貴，它絕對不是廉價品。在較長的一段柏林圍牆遺址上，有一段警語：「自由是怎麼一回事，我想你已經知道，但是你要把它牢記在心而不要忘記。」這也許是出自東德人的手筆，寫出肺腑之言。

柏林圍牆現在已倒，當年從東柏林進入西柏林的哨站（Check Point Charlie）搖身一變而成為販賣紀念品的攤販中心。到此處觀光的旅客，仍然可以看到惡名昭彰的「查理檢查哨」的崗塔，當年曾有不少冒著生命逃亡的東德人，就是死於哨兵的無情槍彈下。檢查哨以前是無人地帶，如今，這片荒蕪的空地，變成了遊覽車的停車場。來往的遊覽車，都會在這停留半小時，讓遊人在殘敗的廢墟中，捕捉一些令人傷神的鏡頭。這裡雖然不是古戰場，但是在崗哨的牆上，卻有不少驚心的敘述。觀看之後，著實讓人難以釋懷。

目前柏林已是德國的首都。但是從觀光的角度來看，它仍留著東、西柏林不同的影子。在東柏林區，繁榮根本談不上，仍然百廢待舉。不過，偉大的建築物如國會大廈、博物館、布蘭登堡及巨形的人物雕塑，訴說著昔日的帝國氣派依然存在。

西柏林完全是以新式的建築物取勝，盟軍轟炸後所遺留的殘垣敗瓦，一點都看不見，彷彿是一隻從火爐餘灰中升起的鳳凰。東西柏林統一也有十多年之久，但政治因素和習於分裂的心態，讓東西柏林人統而未合，合而未融。東西柏林是如此，整個德國也是一樣。雖然看得到城牆已倒和界限已除，但心牆仍牢不可破，這也可以說是統一後的德國的一種奇特現象。也許要經過一至二個世代之後，才能把心牆拆除，完全統一。

以整個德國而言，東部德國，也就是東德前身，完全是一片平原，它和波蘭、捷克接壤，屬於重工業區，沒有充分的觀光資源，除了柏林和少數自然風景區外，別無所有。西部的德國，也就是西德的前身，卻是有著豐沛的景觀。

第二節　特殊觀光地理景觀

一、高地與河流

德國南部和阿爾卑斯山接壤的山區，也就是著名的黑森林高地區，往西南延伸和捷克相鄰的巴伐利亞森林區（Bavarian Forest）。這兩個高地，成為德國的旅遊景點。其中值得一提的是萊茵河貫穿其間，居中開闢了一道窄長峽谷，以大自然的神秘力量創造出峽谷奇景。高原地區向陽地帶，是德國萊茵白酒及莫索爾白酒（Rhine and Moselle）的產地，也得以讓德國的白酒稱雄世界。

二、奴舒區萬斯丹堡
NEUSCHWANSTEIN CASTLE

在巴伐利亞的阿爾卑斯和奧地利接壤的山區，有一座雄偉的古堡，名為奴舒區萬斯丹堡（Neuschwanstein Castle）。它是一八六九年由巴伐利亞國王魯德維格二世（Ludmig II）建造。這座雄偉的古堡，完全是為了「好玩」，沒有任何防衛的作用在內。

魯德維格二世自小就有一個夢想，希望有朝一日建造一座古堡供他玩樂。在他十三歲那一年，他發現德國大作曲家李察華格納（Richard Wagner）的音樂，有如天籟之音，十八歲登基後，便和華格納結成莫逆之交。魯德維格做了國王以後，自然要遷到首都伯格（Berg）。當他不在的時候，只有華格納可以進入奴舒區萬斯丹堡，以便尋求靈感，為他作曲。

魯德維格有一次寫信給華格納說：「等我們兩個人到天國之後，我們所留下來的傑作——城堡和樂章，都會為我們後世子孫留下最好的典範。」魯德維格的話並沒錯，華格納的不朽樂章流傳至今，而他的古堡亦沒有毀於兵燹之亂，現在成為德國觀光地理中的

NEUSCHWANSTEIN CASTLE

指標。華德迪士尼不朽之作——睡美人，即在此處拍攝的。

三、赫爾戈蘭德島HELGOLAND

　　赫爾戈蘭德島位於德國北海（North Sea），顏色呈橘色和金黃色的小島，正好位於易北河（Elbe River）出口處，原是由砂石岩組成。本來是與德國本土連接，但因冰河時期結束後，小島無法承受冰河的沖擊和割裂，再加上北海經年累月的強風，終將鬆散部分的砂石岩摧毀，以致赫爾戈蘭德終於和本土分割，自成為島。

　　赫爾戈蘭德島地處要津，扼易北河咽喉，歷代都是兵家必爭之地，二次大戰受毀尤烈。近來，德國政府在該島的北海岸興建巨大的防波堤，以免日漸疏鬆的紅砂石岩長期受到海風浸蝕而慢慢消失。

赫爾戈蘭德島

四、哈爾茲山斷層HARZ MOUNTAINS MASSIF

　　哈爾茲山斷層為德國製造了不少鬼怪故事。這條長100公里，寬30公里的山脈，由德國中部高原的西北方延伸到東南方，由於是斷層岩，有許多氣體經由岩石的隙縫冒出，由於這些氣體屬於天然煤氣，再加上有些土氣經風吹散，其間混雜著煤氣吹出來，使人嗅到之後會產生不舒服感。於是，地獄之氣由是而來。

　　哈爾茲山脈最高峰布魯肯峰（Brocken）只有1142公尺。站在山峰上，即便是艷陽高照，也會感到有陣陣的陰風。假若太陽被雲遮擋住，有時亦會看到自己的影子，「白日見鬼」的說法由是而來。

　　哈爾茲山斷層的鬼怪傳說，到了「浮士德與魔鬼」的歌劇問世後，傳聞也就變成真人實事了。因為歌劇作者哥德（Goethe）在劇中，親自編導歌劇主角浮士德在布魯肯峰看完群妖起舞後，就將自己的靈魂出賣給魔鬼。

五、德國的瑞士SACHSISCHE SCHWEIZ

　　易北河到了德國東部，因為地形的關係，將德國和瑞士交界的

一帶山脈切開。在德國方面，地形並不峻偉，但因水力開鑿的峽谷，氣象萬千。德國的薩克森省（Saxony）原屬東德，也因而贏得「德國的瑞士」之綽號，因為東部的德國以平原著稱。易北河造成的峽谷，為德國人帶來驚訝。從十九世紀開始「德國的瑞士」風景名勝，就為德國帶來世界各地觀光客。現在東西德合一之後，遊客變得更多了！

　　讀過早期德明高中英文課本的讀者，相信都不會忘記「最後的一課」那篇充滿悲憤與無奈的文章。因為法國戰敗，亞爾薩斯再度易手，從法國的版圖畫歸到德國版圖內。的確，遠者不談，從1870年開始，亞爾薩斯曾五度易手，由法國到德國，再到法國，又回到德國，二次大戰後第五度回到法國版圖之內。從觀光地理的角度來看，亞爾薩斯是一塊最複雜又有人情味的觀光地區了。

　　由於地形的關係，亞爾薩斯歷來都是德、法兩國兵家必爭之地，但也培養出深具德、法國兩國特色的葡萄。亞爾薩斯的白酒，就是在兩國錯綜複雜的關係下的產物。換而言之，亞爾薩斯產的白酒，也充滿了歷史恩怨，讓人在品酒之餘，興起無限滄桑之感。

　　不過，德國萊茵河域的莫索爾白酒（Moselle）和蕾斯玲白酒，卻充滿了德國特色，為白酒（葡萄酒）喜愛者所好。

第五章
比荷兩國的地理標誌

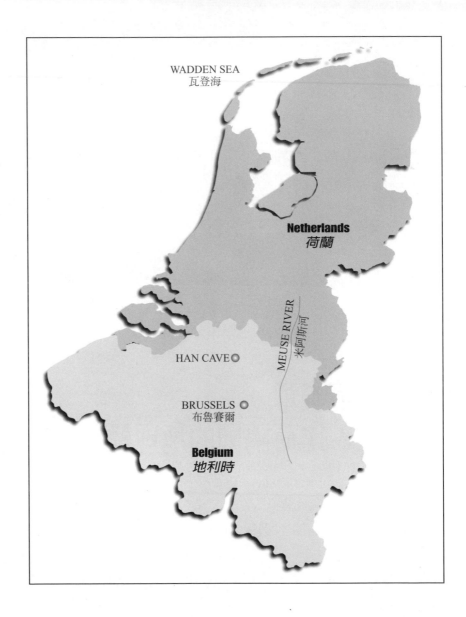

第一節　比利時

　　在歐洲諸多國家中，比利時可以說是一個讓人驚訝的地方。比利時並沒有任何驚艷的觀光景點，普通的老百姓除了會喝啤酒之外，大多沒有任何嗜好。在吃的方面，比利時人最喜歡的莫過於炸馬鈴薯。試想，如果觀光客到了比利時，能夠規劃什麼好的去處呢？

　　回顧過去比利時百年多的歷史，都是充滿血淚與不愉快的回憶。由於比利時夾在法、德兩國之間，因此比利時國內的政治也隨著德、法兩國的盛衰而有所改變。國內的語言、宗教和人種都因為受到鄰邦強國影響而有分割。比利時國內有兩大語系，一是法語系，另一是法蘭德斯語（Flemish）。前者受法國影響，在宗教上信奉天主教；後者（即Flanders法蘭德斯）親德，信奉路德改革派的新教。

一、語言

　　一八三〇年，比利時從法國手中獲得獨立，但法語仍是官方語言，上層社會都採說法語；而法蘭德斯語則屬農村的共同語言。說法語的比利時人集中在南部，因有天然煤礦，煉鋼業非常發達，可以說是歐洲最先進的國家；北方則以農業為主。

　　獨立後的比利時，語言問題一直無法解決，直到一九三二年，因為南方的工業式微，掌權者的聲音也相對變小。於是，比國政府才正式提出雙語政策，透過國會立法，將法語和法蘭德斯語放在同等地位，都列為是平等的官方用語。

　　二次大戰時，因為比利時受過德國統治，說法語的比利時人自然受到不平等待遇。這種對立形勢並沒有因為二次大戰結束而有所緩和，反而問題叢生。時至一九七〇年，比國政府取得不同語言族群的共識，將比利時分為四個語言區：靠近德國的東部，德語是官

方語言；有一百萬人居住的比國第一大城布魯塞爾，仍然維持法語和法蘭德斯語雙語政策，首府各地的招牌和路牌，全印有雙語；其餘九省則劃分為二，北方四省用法蘭德斯語，南方四省使用法語；第九省，也就是第四區省，則雙語共治。

二、地理標誌

(一) 米阿斯河MEUSE RIVER

語言把比利時劃分為二，大自然也將比利時劃分為二。以米阿斯河（Meuse River）為界，河以南為高地區（Uplands），以坡形上升，但最高點也不過是700公尺。南方的坡地有散落的農莊和森林，屬於比利時的觀光區。許多農莊的房舍，現在都改良成農莊休閒旅館，以吸引觀光客。

米阿斯河以北，坡地下傾，成為自然的平原，是現代比利時的新希望。新興的工業城鎮取代了古老的農舍和落伍的工廠，米阿斯河谷有傳統的工業優勢，現代化的大城除布魯塞爾（Brussels）外，還有安特衛普（Antwerp）和根特（Ghent）兩城，均以現代工業著稱。

(二) 布魯塞爾BRUSSELS

布魯塞爾是今日歐洲的政治中心，最早的歐洲六國共同市場——德、法、義、盧、比、荷，就是以布魯塞爾為共同市場的首都。北大西洋公約組織（The North Atlantic Treaty Organization, NATO）也是以布魯塞爾為發號司令的總部。擴大後的歐盟總部，仍然設在布魯塞爾，可謂是世界超級首都。

觀光客到布魯塞爾，不能再用過時的眼光來衡量。因為布魯塞爾再也不是沒有繁華景象的小巴黎；也不再僅止於轉車的車站，讓觀光客短暫停留，再換車到歐洲其他大城繼續觀光。今天的布魯塞爾可以說是世界性的商業中心、資訊中心和重大政策宣告的首府。

　　喜歡欣賞硬體建設的觀光客，千萬不能錯過布魯塞爾的觀光行程。它可以說是世界硬體觀光之都。

布魯塞爾

（三）HAN CAVE

　　在比利市南部，有一個遠在銅器時代就有人居住的洞穴。考古學家曾在洞穴之內發現人類化石，推算應屬於銅器時代的人類，這個洞穴名為Han Cave。

　　比利時南部的李斯河（Lesse River）流到Han-Sur-Lesse鎮不遠處，忽然消失不見，好似是落在萬丈深淵之內。河水的巨大沖擊力，將河底沖成洞穴。隨著河道的改變，乾枯後的洞穴頂上留下的砂石積成細柱，看起來像是冰柱。李斯河轉道之後，又再度浮出地面往盧森堡方向流去。自十八世紀以來，Han Cave變成比利時唯一可以列為觀光景點的好去處。

第二節　荷蘭

一、地理特色

在歐洲的國家中，除義大利威尼斯水都可以以舟船代替現代化的交通工具外，只有荷蘭整個國家都是河道縱橫，每個家庭前院或後院，都可以停泊一條小船，這也是荷蘭的特色。船隻演變成荷蘭的主要交通工具。

荷蘭自古以來，都是與海爭地。全國約有五分之二的土地是低於海平面。主要大城的居民，可以說是住在地平線的下面。在過去幾個世紀以來，荷蘭與海搏鬥爭地生存已有無數次。第一次大搏鬥發生在一四二一年，荷蘭人在萊茵河出口填地，增加不少國土面積。荷蘭人稱之為Diep，也就是俗稱的海埔新生地。十七世紀增加海埔新生地的面積有1,120平方公里，但十八世紀只有500平方公里的增加數字，十九世紀增加了1,170平方公里。不過，有時候海洋也會把土地收回去，一九五三年的海水浸蝕，讓荷蘭人損失不少海埔新生地。但由於科技發達，加上荷蘭人爭生存的鬥志，若以整個二十紀而言，荷蘭的土地面積約增加了2,500平方公里。

二、特殊標誌

由於荷蘭的地形使然，使其成為一個農畜牧業發達的國家。特別是園藝，不但為荷蘭賺取不少的收入，也是爭取觀光收入的重要指標。

（一）園藝

荷蘭的鬱金香是世界聞名的，每年春天，荷蘭全國可以說是鬱金香花園，有如進入花神之國，流連忘返之情，油然而生。荷蘭的

荷蘭鬱金香

園藝先進，插技配種的鬱金香隨處可見，鬱金香色彩鮮艷亮麗，成為國際花市的「上賓」。

（二）風車

　　為了要保護海埔新生地，荷蘭也變成一個徹底的綠化國家。為了抽水灌溉以培養花卉水果及農產品，荷蘭人自古以來就以風車抽水，所以到處都可以看到風車。也因此風車變成荷蘭觀光地理的特殊標誌。

荷蘭風車

(三) 乳酪

到荷蘭觀光，千萬不能遺漏了乳酪工廠。荷蘭的乳酪世界聞名，尤其參觀過乳酪工廠之後，才更能瞭解其有名是有道理的。每一個乳酪廠都有專人為觀光客解說乳酪的製造過程，從擠牛奶開始，一直到乳酪包裝出貨，每個細節都解說得非常清楚。最後，也是參觀的重頭戲，就是試吃各式各樣不同口味的乳酪。就好像試酒一樣，從剛出廠的乳酪（Young Cheese）到陳年乳酪（Vintage Cheese）；從味淡的乳酪（Light Cheese）到味重的乳酪（Blue Cheese），應有盡有，是十分值得參觀的機會教育。

(四) 瓦登海WADDEN SEA

荷蘭人與海爭地的結果，也給荷蘭帶來了意想不到的收穫，海埔新生地變成候鳥的棲息地，也是觀鳥人的天堂。其中最名的地方是瓦登海。

瓦登海位荷蘭北海海岸延伸向東南方與弗利然（Frisian）諸島結合而變成河道縱橫的沼澤地，每年有五十萬隻候鳥來此棲息。清晨與黃昏，候鳥出巢與回巢的萬鳥群飛景象，構成一幅奇景。也是荷蘭的景觀點。

荷蘭政府曾有意把這塊海埔地開發利用，可是環保與觀光各界反對。其中最主要原因是候鳥的棲息所，如果將其改為其它用途，候鳥不但遠走高飛，自然景觀亦大大受到破壞，將不再具有任何觀光價值。

第六章
南歐諸國：拉丁文化的搖籃

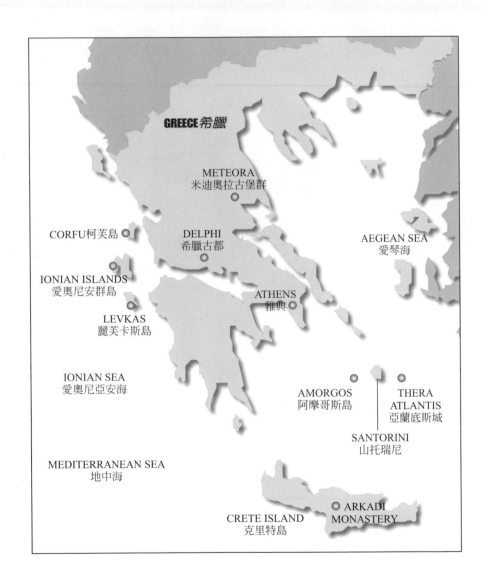

GREECE 希臘

METEORA
米迪奧拉古堡群

CORFU柯芙島

DELPHI
希臘古都

AEGEAN SEA
愛琴海

IONIAN ISLANDS
愛奧尼安群島

ATHENS
雅典

LEVKAS
麗芙卡斯島

IONIAN SEA
愛奧尼亞安海

AMORGOS
阿摩哥斯島

THERA
ATLANTIS
亞蘭底斯城

SANTORINI
山托瑞尼

MEDITERRANEAN SEA
地中海

ARKADI
MONASTERY

CRETE ISLAND
克里特島

本章所指的南歐諸國將針對希臘、義大利、葡萄牙和西班牙。在南歐的地理位置中，當然還有其它國家，但是以他們的觀光地理地位以及歷史文化背景而言，皆不及這四國，因而略過不談。為甚麼要談以上四國呢？

1. 因為他們都曾擁有過一段輝煌的歷史和淵遠流長的拉丁文化，時至今日，西方文明仍受其影響。
2. 此四國在觀光地理的領域中，佔有不可或缺的重要地位。以觀光人口而言，上述四國，每年平均吸引到的國際觀光人口，幾乎佔了全球觀光人口的一半，因此不可等閒視之。

以下現在按照英文字母的順序排列，將上述四國的觀光特色分別說明。

第一節　希臘GREECE

一、希臘的歷史傳奇色彩

希臘的整個國家充滿了吸引人的傳奇故事和自然美景，而且還擁有一段人類古老的光榮歷史。目前的希臘，希望用過去的光榮加上美景，將其帶入現代的世界。

十七世紀有一位旅遊作家曾用這麼一段文字來形容希臘：「希臘人的思想充滿神奇性，可是希臘人的身體卻軟弱不堪；但是，迷樣的眼神，讓人在接觸之後，會有一個愉快的感受。」這位作家說，他是把希臘人格化了。其實，希臘，就像他所形容的一樣。

的確，希臘充滿了傳奇色彩，不論是大都巿或小城鎮，是本土或外島，每一個單元的本身，就是一段凄迷的浪漫故事。因而才會吸引詩人和文豪，寫下了不少傳誦千古的詩篇。其中以荷馬史詩為最，木馬屠城記這部電影更把希臘人格化，變成英雄和美

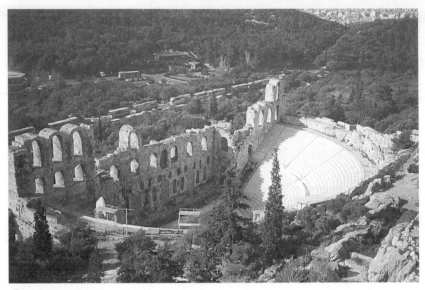

希臘雅典的古蹟

人的典型希臘悲劇。

希臘本身擁有數不清的自然美景,而它的雄偉建築,更是舉世同欽。雖然有許多建築或毀於自然災害,或毀於兵燹之亂,但是其遺址,卻是世界上無價的藝術寶藏。

二、希臘的小島

希臘每年吸引1,500萬名觀光客,而每四名當中,就有三名是來自西歐國家。多數的遊客都是參觀遊覽雅典和希臘幾個主要大島。希臘發展觀光,也是近二十年的事。為了賺取觀光外匯,一些有名的歷史小城和華麗的豪宅,幾乎都被豪華的觀光旅館所取代。說得挑剔一點,也就是被觀光所污染。

值得慶幸的是,希臘有世外桃源般的小島,那裡只有傳奇故事和自然美景,其中最有名的島嶼是分佈在愛奧尼安海(Ionian

Sea）、地中海和愛琴海內。每一個島都有自己的特色，如柯芙島（Corfu）和麗芙卡斯島（Levkas）是以青翠的田園美景著稱；阿摩哥斯島（Amorgos）、山托瑞尼島（Santorini）則是以詭異彩色斷崖著稱；羅德斯島（Rhodes）和克里特島（Crete）擁有清澈的海水和島上果園圍繞著的歷史名城而吸引遊客。克里特島的葡萄園是希臘的特色，當今最有名的地中海長壽食譜，就是克里特島人的日常主食。研究克里特島人長壽原因的美國哈佛大學醫療隊也長年駐紮在克里特島。很多觀光客特別到克里特島尋找地中海長壽食譜（Mediterranean Diet），也希望自己長壽。克里特島人從來不曾想到他們每日簡單的食譜：蕃茄、橄欖油、魚、小麥麵包和紅酒，會變成長壽的秘方。這也可以說是另類的觀光地理。

三、希臘的四季

希臘四季都有自己的特色：四月的春天，正是地中海性植物吐露芬芳的季節，數以萬計的各色各樣花卉，為整個希臘披上一層色彩鮮艷的外衣；夏天是希臘的觀光旺季，雖然氣溫升高，但是海風為遊人帶來舒適感；秋大是秋高氣爽的時節，植物花卉的色彩也隨時會改變，讓人目不暇給；冬天只有山區可以賞雪和參加冬季雪上活動，內陸則無觀光可言。

四、希臘的地理特性

希臘三面環海，東鄰愛琴海（Aegean Sea）、南面地中海（Mediterranean Sea）、西有愛奧尼安海，是一個典型的海洋性氣候國家，也因而孕育了拉丁文明。但是希臘的北方巴爾幹半島卻是一個火山斷層地帶，希臘的文物古蹟，也因為歷次大地震的發生而飽受摧殘。所幸古代偉大建築物的遺跡，至今仍流傳數千年之久，也變成人類文化起源的見證，觀光地理的寶藏。

第二節　義大利ITALY

一、歷史擁抱的義大利

　　義大利是一個讓歷史擁抱著的國家。每一個城鎮，其所受人尊敬的程度，好像是與生俱來的。例如，城鎮的都市計劃，從道路到排水系統，從建築物的架構到市場的興建，遠在羅馬帝國時代就已規劃好，而且沿用至今。雖然羅馬帝國由盛而衰，沈淪了好幾百年，但文藝復興時卻讓羅馬帝國的輝煌時代又再度重現，流風所及，也帶來了西方文明再生的機會，歐陸國家也掌握了文藝復興的

義大利比薩斜塔

機會，將自己從蠻夷的沈淪中恢復了原來本貌，從而脫胎換骨，再造現代文明。

二、南北的差異

到義大利觀光的人，一定要先了解義大利南北兩端的差距。北方的義大利是以工業著稱，而北方義大利人先天上就具有工業和商業的混合想法，因此，他們可以和歐洲任何一個國家的工商人士競爭。商業文化和工業化是其特色，以米蘭城（Milan）為代表。

義大利的南部仍然保留著農業社會的特質，家父長制沿用至今。中古世紀的秘密結社風氣和忠於家長的「優點」，仍然充滿在每個人的血液裡。因此在西西里島（Sicily）和那不勒斯（Naples）的黑手黨繼續存在，因而也成為社會之瘤，無法斷其根。

三、葡萄莊園

在義大利的諸多觀光項目中，除了自然景觀和歷史名城外，義大利的葡萄園是一個特別景點。義大利以產葡萄酒而有名，而義大利人也是世界上平均喝葡萄酒最多的民族。

對一個觀光客而言，認識義大利的葡萄酒，並不容易，因為義大利全國產酒，產區極多，很難在單次的旅遊中完全了解義大利酒的精髓所在。不過，將義大利酒區劃分，邊學邊欣賞，應是最便捷的方法。

義大利的酒區共有五個區：西北、東北、中部、南部和離島。對觀光客而言，若有時間限制，則只要重點式地選擇去西北區的比艾蒙特（Piedmont）和中部的杜斯卡尼（Tuscany）即可，而到這兩區的酒莊觀光，也成為目前的時尚。

義大利龐貝城

四、火山區

　　義大利也是一個火山區，火山爆發，也帶走了不少文古蹟，其中最有名的，莫過於古都龐貝城（Pompe）。該城在西元七十五年因維蘇威火山（Visuvius）爆發而整個沉入海底。現在已成爲潛水考古者的天堂。

五、死亡之旅

　　歡喜開快車的觀光客，到了義大利之後，一定要到拿破里斯開一趟快車，親身體會義大利人常說的「死亡之旅」（Drive to Naples and Die）的刺激經驗。這種說法雖然有點誇張，但在維蘇威火山附近的山路上開快車，如果沒有膽識和技術，最好不要輕易嘗試。義大利人爲甚麼在拿破里斯山路開飛車呢？據說，到了山頂看海，感到特別奇妙。有些過來人甚至形容如果遇到晴朗天氣，就可以從山頂上向下望見到海底的龐貝城。拿破里斯山頂經常爲雲霧所圍繞，因此才會有飛車情景出現，只要是分秒之差，一但雲層出現就會失去看海底迷城的美景了！

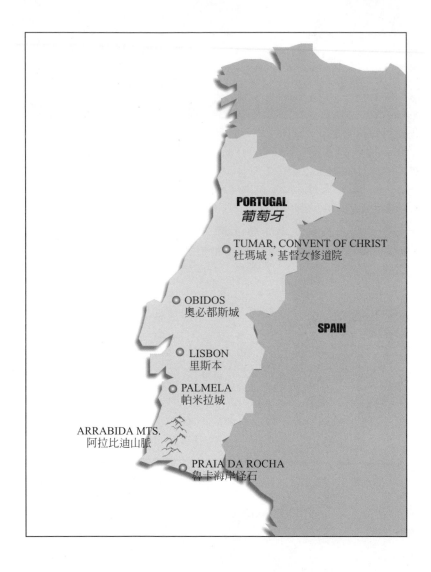

◎第三節　葡萄牙PORTUGAL

一、歷史背景

　　葡萄牙的面積不大，只有92,082平方公里，位在西班牙的西邊。但是，從觀光地理的角度來看，它卻是一個「觀光大國」。

　　葡萄牙一度是歷史上掌握海上霸權的國家，也是冒險家輩出的帝國，海外殖民地遍佈，葡萄牙人也像其它殖民地國家一樣，享受繁華富貴的生活。不過，現在的葡萄牙卻是西歐國家中，最窮困的一國。查其主要原因之一是，派重兵鎮壓非洲的安哥拉和莫山鼻克的獨立運動，用兵三十年，最後民窮財盡，而右傾的殖民主義政府終於在一九七四年被推翻。但往後的歲月，舉國上下都是生活在不安定的狀況下，直到一九八六年，葡萄牙正式加入歐盟後，經濟才慢慢有起色。

二、葡萄牙酒季

　　自從一九六〇年開始，觀光事業在整個葡萄牙的經濟結構上，扮演一個非常重要的角色。六十年代的葡萄牙仍存在著帝國的氣勢，也因此為葡萄牙帶來為數可觀的「觀光金元」。

　　葡萄牙以釀造波特酒（Port Wine）著稱。每年葡萄的收成季節，也是葡萄牙的觀光季節。葡萄的收成季節非常熱鬧，每一個酒莊不但自己舉行慶祝，也同時和其它酒莊一起聯合舉行。由於莊園主人非常好客，很多旅行社都在這個時節，帶領一批又一批的外國觀光客到園莊來，一同品嚐免費好酒，共同慶祝。

　　慶祝儀式從早上就開始。例如：從甲酒莊慶祝完畢之後，莊主的親朋好友會帶領著國際觀光客走到乙酒莊，然後杯酒高歌、盡情吃喝，等到慶典高潮過後，通常是女性帶頭的領隊高呼口號：「酒

莊主人萬歲，波特酒萬歲、葡萄牙萬歲」，隨後，每個人對自己說：「健康萬歲」，於是，又開始到丙酒莊。最後一個酒莊也是最大的，否則就不能容納廣大人群。沒有酒力的國際觀光客，通常在第一個酒莊慶祝完之後，就會醉得不省人事了！

從一九九○年代開始，葡萄的觀光推展事業朝多元發展，觀光遊客人數激增，以二○○○年而言，就有1,300萬人次，足見葡萄牙的觀光魅力。

三、內陸景點

到葡萄牙遊玩的旅客，多數集中在沿海的風景區和別墅莊園，但內陸的葡萄牙卻有不少吸引人的歷史建築物，其中以宗教形式的教堂為最。

葡萄牙的內陸仍然保留著幾個世紀前留下來的風俗習慣，不論大城小鎮，並沒有建造摩登旅館，住在老式的鄉村旅館裡，反而別具風格。而且那種溫馨的居家感受，是一般大城和摩登旅館所感受不到的。許多旅客住宿過鄉村旅館之後，就隨即預約下次來訪的時間。鄉村旅館吸引旅客的另外一個原因，是因為它們都是由一些古堡改建，或者就在古堡之旁建造，其中以奧必都斯（Obidos）和帕米拉（Palmela）兩城最為吸引人。

四、宗教建築

葡萄牙是一個天主教國家，當其處於國力極盛時代，在位的國君，為了祈求天主保佑，於是花下重資建立富麗堂皇如宮殿般的大教堂以取悅教廷。而這些在十六世紀初葉興建而留存下來的教堂，也變成今日觀光景點。

　　其中最有名的傑作是位在葡萄牙中部杜瑪城（Tomar）基督女修道院（Convent of Christ），其所使用的彩色玻璃，即使是科學昌明的今日，也沒有辦法複製出來。葡萄牙另一處宗教名城巴塔爾哈（Batalha）城內，有一座建築在十五世紀的男修道院，其中氣勢之雄偉，不下於皇宮。宗教建築是葡萄牙的特殊觀光景點。

五、沿海景點

　　葡萄牙海岸線長達860公里，海岸沿線觀光景點，為葡國賺取了可觀的觀光收入。目前葡萄牙政府為了吸引更多的休閒觀光客，分別在海岸線附近河流出海口的景點，興建現代化的高爾夫球場，以吸引北半球的冬季高爾夫旅客。

○第四節　西班牙SPAIN

一、謎樣的西班牙

　　西班牙是歐洲諸國中，最受歡迎的旅遊目的地。雖然人類已進入二十一世紀，但西班牙過去的光榮歷史神秘感和浪漫情懷，並沒有因時代變遷而消失。這就是西班牙爲甚麼會成爲觀光大國的原因。

　　到西班牙觀光的人，對西班牙的過往的歷史或許比對現況更有興趣，西班牙是歐洲國家中最讓人迷思的國家。的確，即使是西班牙人，也不容易在有生之年去了解和它不同區域的同胞，更何況是外國人？西班牙每一個地區都有其獨特的文化背景和民族特性，整個西班牙又異於歐洲其它國家。

　　爲什麼會造成上述西班牙與眾不同的因素呢？主要是西班牙與法國接壤的比利尼斯山脈把西班牙與歐洲隔絕。西班牙內陸多山，中古時代城堡的孤立感仍舊讓西班牙人代代相傳，神秘和保守亦成爲民族特性。然而，當西班牙人神秘的面紗一旦被揭開後，其熱情奔放一面又表露無遺。其中最明顯的例了莫過於西班牙所跳的吉普賽人舞，又稱佛朗明哥舞（Flamenco），以及觀眾在鬥牛場上看到鬥牛士屠牛成功瞬間的高聲吶喊。

二、觀光的萌芽

　　西班牙的觀光事業是一九五〇年代開始萌芽，但眞正觀光推廣，卻是等到獨裁者佛朗哥在一九七五年去世之後，才稍具規模。

　　在歐洲國家中，西班牙人是最注重區域性的民族。在發展觀光之後，西班牙人漸漸和外國有了接觸，西班牙人的視野也因此變得開闊。觀光，打開了西班牙人的心靈之窗。觀光是最好的雙向交

流，從西班人的實例中，找到最好的明證。

三、觀光景點

　　西班牙的主要觀光景點集中在哥斯達‧巴拉瓦區（Costa-Brava），從法國、西班牙邊界往東北延伸而止於巴賽隆納（Barcelona）。整條海岸線整修得非常優美，華麗的海灘別墅和高級觀光旅館，比比皆是。但是從法、西邊界的山脈往海岸一帶延伸的山區，佈滿了紅銅色的懸岩、山岬及畢挺的蒼松，氣勢懾人。古羅馬時代建立的特拉崗納城（Taragona）仍完整無缺保留著，讓遊客望之興起幽古之情的感覺。

　　西班牙的南部海岸線哥斯達‧布朗卡一帶（Costa Blanca）帶給遊客有一種進入「外國人圈圈」裡的感覺。數百年前摩爾人留下的遺風仍在，吉普賽女孩子的熱舞和騎馬鬥牛士（Toreador）的風采，讓人有碧血黃沙之嘆。西班牙是拉丁民族中最浪漫而又富神秘色彩的一族，這也是吸引觀光客的主因之一，每年有三千萬名觀光客到西班牙觀光，多少都是被神秘和浪漫情懷所吸引。

　　目前西班牙已是歐盟成員，亦可以說是現代歐洲的一部分。別的不說，為了要和歐盟融合，西班牙政府從一九八六年元月一日開始，規定政府部門的上班時間和其它歐盟成員國一樣，朝九晚五。對觀光客而言，破除老舊習俗的確是一大福音。

　　南歐四國是拉丁文化的搖籃，相信從觀光旅程中一定可以體會到它的真諦。觀光促進了解並不是一句口號，而是可以從身體力行中體會到的經驗。

第五節　特殊觀光焦點

　　南歐四國的自然風景區無數，從擎天的高峰，到深入海底的迷城；從彩色繽紛的洞穴到亙古以來就有的彩色岩石；數不清的古堡和宗教色彩的教堂，每年吸引數千萬名遊客，火山噴出的岩漿成為美景，定時噴出的熱氣，卻是指引航向的座標。

　　現在將一些代表性，也是入選的世界美景的精彩景點介紹如下：

一、阿拉比迪山脈ARRABIDA MOUNTAINS

　　阿拉比迪山脈位在葡萄牙境內，從大西洋海岸線向內延伸，經首都里斯本向南綿延，是一道長而不高的山脈，全長人約三十五公里。整個山脈由粉紅岩石和白石灰色組成。在大西洋沿岸的懸崖，景色壯觀。山脈進入內陸，長滿了畢挺的蒼松、綠色和粉紅色相配，美麗極了！

二、迷城ENCHANTED CITY

　　根據歷史考古和地質學家考證，西班牙一帶的奇岩怪石，應該是遠古以前的各城鎮，或許有人類居住過。不過，從一些不同的角度去觀看，許多石頭的形狀有著恐龍、巨象、大熊，甚至還有像鱷魚的化石。往這一帶旅遊的人，都會有一種陰深鬼怪之感，迷城之名也由是而來。

三、白雲石尖峰THE NEEDLE PEAKS OF THE DOLOMITES

　　義大利的白雲山峰是登山客又愛又恨的山峰。如針狀形的山峰直插雲端，整個山都是由堅硬如鋼的白雲石構成。依地質學家考

白雲石山脈

證，億萬年前白雲石山脈是在海底，由於地殼的變動，由海底直挺出來，而白雲石也是由珊瑚礁演變而成。

四、 迪拉區洞穴DRACH CAVES

　　迪拉區洞穴位在西班牙外海的馬裘卡島上，馬裘卡島是西班牙最受歡迎的度假之島。迪拉區洞穴在島之東，洞穴有四公里長、十二公尺深，洞底有四個大形洞穴。因為洞穴可以透過湖水的反映，把洞底和洞外景色透過光的折射而相映成趣。迪拉區洞穴同時也是世界上最大的滴水石（Dripstone）洞穴。

五、 伊特拿山MOUNT ETNA

　　位處於義大利西西里島以東的伊特拿山，可以說是世界上最有名的活火山。從歷史的紀錄顯示，曾爆發的次數無法計算。但是，時至今日，伊特拿山仍舊是一個不會沉寂的活火山。在冬天的時候，它噴出來鮮紅岩漿和山頂外的白雪相襯，形成一幅鮮艷對比的畫面。

六、 法拉薩西洞穴FRASASSI CAVES

在義大利的許多洞穴中，沒有一個能比得上法拉薩西洞穴的亮麗。洞穴的面積非常大，可以容納一個大教堂，洞穴都是由石灰岩組成，憑藉著光線的反射，讓洞穴更為迷人。

七、 瓜迪奎維沼澤地GUADALQUIVIR MARSH-ES

瓜迪奎維沼澤地是西班牙最大的國家公園。沼澤的形成，起因於地形，而讓河流的川行變成蛇形圖案，從空中往下看，有如蛇在地上爬行。國家公園棲滿了火鶴、蒼鷺、篦鷺和各色候鳥，是一個天然的觀鳥天堂。

八、 拉黛瑞羅熱噴泉
LARDERELLO HOT SPRINGS

義大利大文豪但丁（Dante）將拉黛瑞羅噴泉形容為地獄之火。噴泉噴出來的熱氣高達50公尺，但丁因熱噴泉而得到靈感，寫了一部不朽的歌劇——神曲（Divina Commedia）。由於噴泉的熱度高達攝氏190度，而且一天二十四小時不斷在噴，給義大利人帶來熱靈感利用熱氣來發電，使其成為世界第一部噴泉發電機。

九、 馬斯肯岬谷MASCUN GORGE

馬斯肯岬谷位在西班牙比利尼斯山區內，由於冰河的衝擊，把高原分割為二。峽谷最深處約100公尺，最窄處只有有1公尺寬。因為冰河的衝擊，峽谷上的石頭形狀十分奇特。岩石有如堡壘的守望台，看守著進出岬谷的安全。

十、 米迪奧拉古堡群METEORA

　　米迪奧拉是希臘中原的奇形山丘，希臘人稱Meteora是平地突起的高峰，其實高峰並不太高，平均550公尺。在山峰上，卻有無數古堡。它們都是由中世紀的天主教神父們興建，主要目的是要遠離政治。古堡全建造在懸岩上，地處險峻，易守難攻。近代以來，古堡僧侶漸漸回到平原的修道院，險岩上的古堡有些開始成為熱門的觀光景點；更險峻的古堡，卻成為好萊塢電影拍攝動作片的好體裁。其中最有名的莫過於由好萊塢硬漢詹姆斯‧柯本（James Coburn）和性感女星蘇珊娜‧約克（Susannah York）合拍的動作片「天降神兵」（Sky Riders）就是在古堡內拍攝。

🌟迪奧拉古堡

十一、白雪山WHITE MOUNTAIN

　　白雪山位於義大利和法國交界的阿爾卑斯山脈內，是阿爾卑斯山群峰中最高的山峰，海拔4,807公尺。自一七八六年以來，它就接受來自世界各地爬山專家的挑戰。其中最有名的莫過於英國浪漫詩人雪梨（Percy Bysshe Shelley），藉著從雪山所得來的靈感，寫了不少傳誦千古的浪漫詩篇，也讓白雪山的名氣隨著優美的詩句而廣傳世界。

十二、海神洞穴NEPTUNE'S CAVE

　　海神洞穴於位在義大利外島沙丁尼亞（Sadinia）的南部，完全是由針狀鐘乳石形成。觀光客可以乘小船進入洞穴內參觀，也可以由扶梯往下步行參觀。Neptune是羅馬神話中的海神，相傳，這裏也是海神常來的地方。

十三、熊形山岬BEAR CAPE

　　熊形山岬位在沙丁尼亞島的北端，是由花崗石組成，形狀有若蹲下來的大熊，向海外張望。地質學家認為，熊身上的各種不同形狀的小洞，是由霧水造成。

十四、西格瑞硬石林SIGRI PETRIFIED FOREST

　　位在希臘外島李斯布絲（Lesbos）上，石林有如義大利的比薩斜塔，石林內的石頭形狀不一，形成原因是由於火山爆發後的熱火燒成的硬石組成。

十五、史特龍波利火山STROMBOLI

　　位在西西里島以北的泰瑞尼安海（Tyrrhenian Sea）的史特龍波

史特龍波利火山

利島上，仍然是活火山，但爆發力不強，所冒山來的煙仍帶有火焰，在晚上看來特別明顯，因而贏得「地中海燈塔」的雅號（Lighthouse of the Mediterranean Sea）。

十六、托克爾·迪·安狄奎拉怪石山TORCAL DE ANTEQUERA

托克爾·迪·安狄奎拉位在西班牙南部，石頭的形狀奇特，是由石灰石造成。考古學家發現，遠在石器時代，這個地區就有人居住，因此，它的遺址均曾發現石器時代人類和動物的骨骸和器皿。

2004年7月5日是希臘的大好日子，因為希臘國家足球隊擊敗葡萄牙，破天荒地首次奪得歐洲足球冠軍。這項勝利，無疑是為同年八月在希臘舉行的奧運會注入一劑強心針。因為過去四年籌備期間，總是風風雨雨，給人有一種不放心和不安定感。

　　2004年正好是現代世運百週年慶，為了給首度舉辦現代奧運的希臘奧委會回饋，國際奧委會一致通過讓希臘獲得此項榮譽。站在國際觀光推廣立場而言，這也可以說希臘全國上下的勝利。

　　對體育運動和觀光都有興趣的人，相信早已安排好旅遊行程。除了看奧運之外，自然也會去希臘各名勝古蹟觀光。在希臘觀光地理中，有三個很特殊的地方，值得特別介紹。

1. 代爾斐（Delphi）：是希臘古都，也阿波羅神諭之家（Home Of Apollos Oracle）。從雅典往北走大約百多公里的車程可到達。在代爾斐城內可以看到各種不同的神諭，都是刻在石碑上，十分神奇。代爾斐城雖有損毀，因為它已有三千年歷史，但經過有系統的整理，目前又變一個觀光勝地。現在看看其中一條阿波羅的神諭是怎麼說的：「我知道沙粒的數目，我也知道如何去測量海洋；我也瞭解啞吧雖不能說，我卻可以聽到他的心聲。」

2. 海底謎城（Atlantis）：海底謎城位在希臘愛琴海海域內的一個名叫Thear的島上，它是否存在過，的確是一個千古之謎。世人知道海底謎城只能從柏拉圖（Plato）的對話找到。他曾在對話中在過這麼一段：「Atlantis的面積比利比亞加上亞洲還要大……Atlantis最終被巨海吞噬而終至消失。」柏拉圖的對話讓世界迷惑了二千多年。它為什麼會忽然之間消失呢？最佳的解釋是，Atlantis城的人，從統治者到老百姓，都過著荒淫無道的生

活，以致遭受天譴，整個國家也就一夜消失。

現在到Thera島觀光，還可以看到不少傳說中的遺址以及柏拉圖對話的聖殿。

3. 阿卡迪修道院（Arkadimonstery）：位在希臘地中海的克里特島內。它是為紀念古克里特人抗拒外人入侵的犧牲者而建。修道院的本身，多屬殘垣敗瓦，但卻有參觀價值。在修道院的牆上刻有一行字：「火苗是從這裡（指修道院）的地下室燃起，然後讓克里特島四周冒出光榮的火花，這也是上帝之火，它為克里島人為爭自由而犧牲燃燒著！」

到克里特島參觀，千萬別忘記品嚐一下地中海長壽食譜。

葡萄牙舉辦2004年歐洲杯足球賽，這是四年一次的盛會。從初賽到決賽，一共長達三星期之久，對觀光推廣而言，是一次千載難逢的機會。

歐洲杯一共有24個國家入圍參加，除一些小國外，其它足球大國如英國、法國、義大利、德國和西班牙，都會有成千上萬的球迷隨本國大軍前往葡萄牙加油。在預賽期間，葡萄牙全國各大小旅館全部客滿，一位難求。觀光及其相關事業，都為之興旺起來。

葡萄牙算是歐盟內的窮國和小國，但是，由本屆歐洲杯舉辦的情況來說，可以說是全國投入。當一個國家，既使是小或窮，如果是為達到目的而全心一致去做的活，目標總是可以達成的。

當葡萄牙足協在接下舉辦的重任之後，葡國的觀光業立刻給予百分之百的支持；因為在觀光地理的範疇裡，觀光和體育，幾乎是手足相連而密不可分的了。

第七章
中東歐

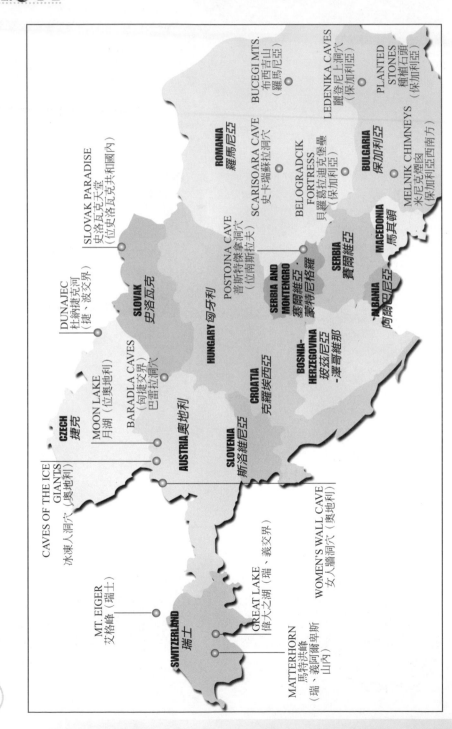

CAVES OF THE ICE
GIANTS
冰凍人洞穴（奧地利）

MT. EIGER
艾格峰（瑞士）

MATTERHORN
馬特洪峰
（瑞、義阿爾卑斯
山內）

GREAT LAKE
偉大之湖
（瑞、義交界）

WOMEN'S WALL CAVE
女人牆洞穴（奧地利）

SWITZERLAND
瑞士

SLOVENIA
斯洛維尼亞

AUSTRIA 奧地利

CZECH
捷克

MOON LAKE
月湖（位奧地利）

BARADLA CAVES
巴雷拉洞穴
（匈捷交界）

DUNAJEC
杜納捷克河
（捷、波交界）

SLOVAK
史洛瓦克

SLOVAK PARADISE
史洛瓦克天堂
（位史洛瓦克夫利國內）

HUNGARY 匈牙利

CROATIA
克羅埃西亞

BOSNIA-
HERZEGOVINA
玻茲尼亞
- 澤哥維那

SERBIA AND
MONTENGRO
塞爾維亞·
蒙特尼格羅

POSTOJNA CAVE
普斯特洛拿洞穴
（位南斯拉夫）

SERBIA
賽爾維亞

ALBANIA
阿爾巴尼亞

MACEDONIA
馬其頓

ROMANIA
羅馬尼亞

SCARISOARA CAVE
史卡瑞蘇拉洞穴

BELOGRADCIK
FORTRESS
貝羅葛拉迪克堡壘
（保加利亞）

BUCEGI MTS.
布西吉山
（羅馬尼亞）

BULGARIA
保加利亞

LEDENIKA CAVES
麗登尼上洞穴
（保加利亞）

PLANTED
STONES
種植石頭
（保加利亞）

MELNIK CHIMNEYS
米尼克煙囪
（保加利亞西南方）

第一節　蘇俄帝國瓦解後的中東歐再生

　　蘇俄帝國（指共產主義）瓦解，為國際觀光地理帶來了無限生機。因為許多具有悠久歷史的國家如捷克（Czech）、匈牙利（Hungary）、波蘭（Poland）以及巴爾幹半島上的古國羅馬尼亞（Romania）、阿爾巴尼亞（Albania）和保加利亞（Bulgaria）等，都不用再受共黨專制統治，解除受限制的觀光旅遊。

　　一九九〇中期，觀光地理又出現了一個新變化。由於南斯拉夫（Yugoslavia）瓦解；於是克羅西亞（Croatian）、波斯尼亞（Bosnia）和馬其頓（Macedonia）三個舊屬聯邦國，全部脫離以巴爾格萊德為主軸的政府，進而成為獨立的國家。上述三國雖飽經戰火蹂躪，但歷史上留下來的觀光遺址，仍是觀光地理中的寶藏。

　　蘇俄帝國瓦解，對中歐的奧地利（Austria）影響最大。因為它不需要看鄰國的臉色，而瑞士原本就是永久中立國，沒有共黨的強

🔆布斯堡王朝舊宮，現為捷克總統府

權在側，日子總是好過許多。

德國（Germany）的統一，也讓其觀光地理展開新頁；而蘇俄及南斯拉夫相繼瓦解，更增加了觀光地理的豐富資源。

一、奧匈帝國留下來的觀光資源

(一) 十八世紀到第一次世界大戰

從十八世紀中葉直到一次大戰結束，奧匈帝國的文物風采，都是當時中歐和斯拉夫國家所嚮往的膜拜對象。因為地緣的關係，奧匈帝國和斯拉夫民族的接觸，遠較法國和英國為多。奧匈帝國的版圖包括現今的奧地利、匈牙利、捷克、南斯拉夫、羅馬尼亞和保加利亞。捷克首都布拉格（Prague）是奧匈帝國的政治、經濟、藝術和文化中心，其建設自有別樹一幟的獨特之處。時至今日的布拉格，仍然保留有奧匈帝國的氣勢。奧匈帝國時代的皇宮仍然雄偉依舊，只不過是物換星移，它已由昔日皇宮變成現代捷克的總統府。

奧匈帝國極盛時期，波希米亞帝國被其併吞，波希米亞的領土也納入帝國版面之內，波希米亞國的吉普賽人於是分散帝國各處；但是，他們遺留下來吉普賽獨特的演藝天分，至今仍可在捷克各處看到。波斯米亞的水晶藝術作品變成捷克的商標，不論任何國家的遊客，只要到布拉格，一定會去選購水晶精品，帶回國內收藏。

在布拉格，有很多仍具有古風的老餐館，裡面最迷人的地方，莫過於欣賞拉著手風琴和唱著情歌的吉普賽人現場表演。一邊欣賞著牆上所掛的古畫，一邊聆聽著具有深邃情感的古老情歌，彷彿又回到十八世紀霍布斯堡皇朝鼎盛的日子。

到布拉格旅遊，絕對不能錯過各種參觀的機會，因為布拉格的一景一物，都具有歷史意義。如果將整個串聯起來，就好像詠讀了一首霍布斯堡皇朝興替的浪漫詩篇，為旅途增添了不少樂趣。

布 達佩斯國立歌劇院

（二）　第二次世界大戰到蘇俄共產帝國瓦解

　　奧匈帝國瓦解後，臣屬各國在凡爾賽合約的分配下，新興國家
紛紛獨立。奧地利和匈牙利分家，捷克也不再是帝國之都，而自成
一國。波蘭、南斯拉夫、阿爾巴尼亞、羅馬尼亞和保加利亞相繼獨
立。不過，二次大戰的來臨和共產帝國的獨立，上述諸國除奧地利

因地緣關係而變成永久中立國外，其它國家中只有南斯拉夫因狄托的關係而倖免淪入鐵幕，其餘各國均為東歐共黨附庸國，連自由都失去，自然也談不上觀光了。

蘇俄共產帝國分崩離析後，曾經飽受共黨桎梏的國家重回自由民主國家體系內。但就觀光建設而言，等於是過了一段空白的五十年。還好這些國家都是具歷史的古國，老祖宗留下來的遺產和古蹟，變成現在的觀光熱門景點。而現今的發展觀光也列為首要任務。

波蘭自立國以來，就是一個虔誠的天主教國家。首都華沙的天主教大教堂分布各角落，且建築雄偉，雖然戰火蹂躪，但氣勢仍在。教宗保祿二世就是來自波蘭，他的出生地和主持過的教堂，都成為現在的觀光景點。團結工會領袖華勒沙（Lech Walesa）的出生地和第一次工運集會地，也列為遊客必到之處。

匈牙利留有很多古戰場，由於祖先來自於蒙古，生性善騎好鬥。到匈牙利弔古戰場和觀看各種雄偉碉堡的遺蹟，是一種很有教育性的學習之旅。到匈牙利千萬別忘記品嚐匈牙利的陶佳白酒。相傳俄女皇凱薩琳二世生氣的時候，只有喝下陶佳白酒才能讓她平靜下來。布達佩斯飛騎送酒到俄京的故事，均正式記載在歷史文獻上，與「一騎紅塵妃子笑」有異趣同工之妙！

巴爾幹半島有歐洲火藥庫之稱，但巴爾幹半島上的國家，也都留有前朝風物。南斯拉夫原本是一個風景優美之國，尤其是現今波斯尼亞共和國的首都塞拉耶佛（Sarajevo），原是一個風景優美兼滑雪勝地的山城，後因烽火遍野而全遭破壞。南斯拉夫的內戰，讓遊人纏足不前；不過相鄰的巴爾幹半島其它國家保加利亞、羅馬尼亞和阿爾巴尼亞卻引進大批觀光客，欣賞自然美景和文化歷史遺跡。

奧地利寧靜的湖光山色

二、 奧地利

(一) 藍色多瑙河BLUE DANUBE

　　以「閱人無數」來形容多瑙河最爲恰當。這條歐洲第二長河（僅次於蘇俄的伏爾加Volga），流經八個歐洲國家，並經過三個國家首都，長達2,800公里，源啓於德國黑森林區，由羅馬尼亞出口，流入黑海。在歐洲而言，多瑙河是一條看盡歷朝歷代更迭起伏，昇平時代的繁榮、戰亂時代烽火遍野的歷史長河。

　　多瑙河發源於德國黑森林區，然後往東流。首經奧地利之後，因山形地勢的關係，多瑙河變成一個穿山鑿石的巨人，硬是把群峰鑿成峽谷，爲日後的先民，開拓一片可耕之地。

多瑙河流經奧地利首都維也納郊區的叢林時，咆哮的怒吼聲音消失了。整條河彷若變為柔順的少女，在森林內不經意的慢行穿梭，奧地利樂聖約翰・史特勞斯（Johann Strauss）也因而得到靈感，在一八六六年創作出「藍色多瑙河華爾滋舞曲」（Blue Danube Waltz）。從此這首舞曲也成為奧匈帝國宮廷舞會的主題舞曲，而華爾滋舞曲也隨著多瑙河的潺潺水聲而傳遍其流經之地。華爾滋與多瑙河連成一體，為奧匈帝國的文采風華，加註了浪漫樂章。

多瑙河流出奧地利之後，水流變速，它穿越諸多山林古堡，是一段歷史的見証，只有流水看過古堡的興衰，只有流水聽到笑聲和嗚咽。這一段也是風景最優美的地方。

多瑙河流經過奧地利而進入捷克，水勢急湍洶湧，河流穿透群山，形成氣勢雄偉的峽谷，但只有壯觀的風景，而無河川灌溉之利。

多瑙河的中游，也就是從出了捷克開始而進入匈牙利之後，是一片平原，加上從上游帶下來的淤泥，使其成為肥沃的土地。河道分歧，許多支流由此出現，有河川灌溉之利而無風景之美。用「寂靜的河川」來形容多瑙河的中游，甚為恰當。

多瑙河流入南斯拉夫，繞經首都府貝爾格勒（Belgrade）之後，河道又再度改變。由於南斯拉夫境內多山，凡是多瑙河流經的地方，出現因地形而異的峽谷和巨大瀑布，其中最有名的峽谷叫做「鐵門」（Iron Gate）。峽谷平均高達250－300公尺，寬150公尺，最窄的地方只有50公尺，「鐵門」之號由是而來。因為水流急湍，在這段窄隘區建了不少水壩和運河，用於河道航行和水力發電及灌溉之用。多瑙河流出了南斯拉夫之後，也就是多瑙河的下游，河道的特性再度改變，成為羅馬尼亞和保加利亞自然疆界。

多瑙河沿岸自有人居住以來，都以「母親」來尊稱它。因為其孕育了多瑙河文明，多瑙河曾經是探險、工商和征戰的通衢要道。亞洲人最先經多瑙河逆流而上，並在法國留下來，這些移民是最早

到達法國的「文化移民」。它們沿著河道散居，建立了初期的農業部落，隨後，古希臘人又隨河而上，並在下游地區建立繁榮的商業社會。羅馬人也利用河道，派出艦隊出征，為羅馬帝國擴張版面而建立據點。十字軍也利用多瑙河水道進入土耳其並一度佔領的聖地，完成東征的心願。千年來的古蹟，都留存在多瑙河流經的兩岸，讓後人憑弔。

多瑙河發源於德國，流經奧地利、捷克、匈牙利、南斯拉夫、保加利亞，最後從羅馬尼亞和蘇聯接壤處流入黑海等八國，並經過維也納、布達佩斯和貝爾格勒三個首都，可以說是一條結合歷史上諸多恩怨情仇的「多惱之河」。若從觀光地理的角度來看它可以說是一條「多重觀光景點之河」（The River of Multi - Tourism Destinations）。如果沒有多瑙河，中歐和東歐的觀光地理，可能就失色不少！

（二）觀光事業

奧地利是一個小而美的國家，二次大戰前位屬德國、俄國兩大強權之間的中立國。由於沒有經過兩次大戰的戰火蹂躪，因此觀光景點並沒有受到致命性的破壞。二次大戰結束後，奧地利再度成為東、西兩大集團之間的中立國，奧地利政府利用這點優勢，努力拓展觀光事業，根據奧國官方統計數字顯示，每年約有一千四百萬人到奧地利觀光。

到奧地利觀光的旅客可分冬、夏兩種。冬季的遊客主要是從事滑雪運動，因為奧地利四周環山，每一個山峰都是滑雪勝地，而且休閒山莊比比皆是，對滑雪的人而言，奧地利應是天堂之一。在諸多山峰中，以因斯布普克峰（Innsbruck）最佳，曾經是多季奧林匹克運動會場的所在地，設備優良，是滑雪客們的最愛。夏大的奧地利是最悠靜的避暑地方，各種大、中、小型的音樂會和比賽會，都在夏季舉行。不但吸引了音樂的愛好者前往，同時也吸引著具有音樂天分的明日之星。

三、瑞士SWITZERLAND

（一）別具一格的瑞士

瑞士位居中歐的群峰之中的一個多元化小國，面積只有41,293平方公尺，但具有不同的地形，也造成了不同的景觀。

北瑞士是一片丘陵山地，木材豐富，是瑞士的工業和藥物製造中心。蘇黎世（Zurich）是第一大城，周邊則是世界各種名牌手錶製造中心。和其鄰近的貝斯利城（Basle）則以是製造藥品而聞名世界。北部的平原區，則盛產乳製品和巧克力。名錶、乳酪和巧克力是瑞士「三國寶」，每年賺進可觀的外匯。

南部阿爾卑斯山區，則是瑞士觀光風景區，阿爾卑斯山的主峰都在瑞士境內。其中最有名的為艾格峰（Eiger）高3,970公尺和少女峰（Jungfurau）高4,158公尺，每年帶來為數可觀滑雪客。阿爾卑斯山的另外兩座高峰，布朗格峰（Mont Blanc）是瑞士和法國共

瑞士的鄉野景觀

享，羅莎峰（Mont Rosa）)則爲瑞士、義大利共有。

（二）完善的交通系統

　　由於瑞士境內山多、湖多，爲了解決旅遊交通聯繫問題，瑞士人想出了工程學上最奇妙的連結方法，把整個瑞士包圍在環狀交通系統中，讓觀光客遊山玩水，賞遍瑞士明媚風光。交通運輸系統的運輸工具包括湖內的遊艇、平地和山地火車、爬山的電纜車和沿路的公車，由於管理科學化，遊客雖然會在一段旅程中改搭不同的交通工具，但絕不會有舟車勞頓的感覺。

　　到瑞士旅遊，千萬不要錯過住在山間或葡萄園莊內設有小型旅館的機會。若以日內瓦爲圓心的話，其周圍一百公里之內，就有不少讓旅客流連忘返的好去處。不但有精緻的美食、垂涎欲滴的美酒，隨著氣候變化不同的風景，更是美不勝收。

　　距離日內瓦開車只需九十分鐘的瓦拉斯（Valais）葡萄園莊，是首屈一指的葡萄園觀光區。園區內的葡萄蔓藤均沿山丘而種，開著車子沿路往山丘上走，風光怡人。是一個非常獨特的觀光景點。

　　瑞士義大利裔區，則充滿義大利情調。特別是在夏天，游客到了義裔湖區，以爲是到了地中海。該區有兩個名湖，一是魯加諾（Lugano），另一爲馬吉奧瑞（Maggiure），湖岸兩旁長滿椰子樹，若在豔陽高照的八月天去遊玩，的確會有在南歐沐陽光浴的錯覺。

　　瑞士有一個發音和洛桑（Lausanne）名城相近似的另一名城魯珊城（Lucerne），其景緻不分軒輊。一些有經驗的觀光客則直覺認爲後者更勝前者。其原因有二：魯珊城是道道地地的瑞士城，沒有國際大城的喧囂；其二是，魯珊城以魯珊湖（Lake Lucerne）而有名。

　　前文所提，爲了方便觀光客，瑞士人想出各種不同的交通接駁工具，讓遊人盡興。到魯珊城遊湖，就可以體驗到各種不同的交通工具。首先是搭乘巴士到魯珊湖碼頭，然後搭乘遊艇飽覽魯珊湖四周湖光山色。遊湖完畢後，遊艇開到湖的另一端搭乘登山火車上

山，火車是木齒鐵輪火車（Cogwheel Train）上山。這種古老的火車，除了在魯珊湖城可以看到外，其它地方只能在博物館偶而見之。火車到達山頂（1,350公尺）之後，到了下山時則改乘玻璃車廂纜車下車，最後搭乘巴士，隨沿湖公路欣賞陸地鄉村風光。這種觀光設備，可以說是絕無僅有，也只有瑞士人才能經歷的難得經驗。難怪觀光的收入是瑞士全國之冠。

瑞士是一個永久中立國，瑞士人也從這種特殊地位中受益良多。山明水秀加上好的社會福利制度，難怪歐洲人都想成為瑞士人。

四、巴爾幹半島BALKAN PENINSULA

（一）阿爾巴尼亞ALBANIA

在巴爾幹半島的國家中，原屬蘇聯的附庸國家有三個：阿爾巴尼亞、保加利亞和羅馬尼亞，另外還有一個和蘇聯亦敵亦友的國家則是南斯拉夫。當蘇聯共產帝國崩潰後，上述四個國家受了不同程

隔著多瑙河的布達與佩斯城

度的影響，使得它們在國際舞台上起了重大變化。觀光地理也出現了新版面。

阿爾巴尼亞是一個極信奉共產教條的保守國家，共黨統治者為了要保留清純的共黨國家形象，因而使得其成為一個不但落伍而且還停留在五十年前的光景，一點都沒有變化。共黨政權垮台後，阿爾巴尼亞也走進了民主自由的社會，可是人民的思想，還一時不易改變過來。

然而經濟並沒有隨著民主潮流的來臨而有所好轉，自然也談不上觀光。目前的阿爾巴尼亞政府正效法西方國家，全力發展海岸觀光區，同時也不斷吸引外資投資到觀光市場上。觀光建設和阿國人民的觀光心理建設均非一蹴可幾，也許要一、兩代之後才能看到績效。

（二）保加利亞BULGARIA

保加利亞在蘇俄共黨附庸國內，算是一個最先開發觀光的國家。一般人民的生活要優於鄰近的共黨附庸國。解除共黨控制之後，新的民主政府有了以往的觀光推廣經驗，加上自由市場機制的運作，觀光事業提昇，指日可待。

目前保加利亞最需要改善的地方不是觀光景點，而是人民對於觀光所抱持的老舊心態。保加利亞最先發展觀光，但保國的共黨政府並不鼓勵，甚至禁止人民和外來的觀光客接觸。當禁令一但變成遵守的習慣之後，想要在一夜之間解除，是絕對不可能的。保加利亞面臨的這個問題，其它前蘇聯附庸國同樣存在，即使是俄國的本身，又何嘗不然？

保加利亞每年吸引六百萬名觀光客前來觀光，遊客多數來自東、西歐，目的地是黑海沿岸的風景休閒區。保加利亞的自然景觀和古代建築，都具有吸引遊客的條件。目前保國政府採取開放市場政策，希望引進外資從事觀光建設和景點的維護，希望能夠吸引更多的國際觀光客。

(三) 羅馬尼亞ROMANIA

羅馬尼亞是生存在南斯拉夫人中的一群拉丁民族。羅馬尼亞過去一直想在蘇俄控制中取得一絲的自立自主希望,可是,希望並沒有實現,卻爲本身帶來嚴重的經濟衰退問題。羅馬尼亞在九〇年代獲得西方式的民主自由之後,羅馬尼亞政府即著手在多瑙河三角洲從事觀光建設,三角洲也是野生動物和候鳥的天堂。羅馬尼亞西南方和南斯拉夫交界的山區,是景緻特殊的急流山谷區,景色壯觀,也是觀光景點。如果觀光和相關的建設能夠順利完成的話,相信羅馬尼亞的觀光會有一個亮麗的明天。

(四) 南斯拉夫YOGOSLAVIA

南斯拉夫並沒有因爲蘇聯共黨政權的崩潰而獲益良多;相反的,南斯拉夫的統治者卻用暴力的手腕來鎮壓想要脫離南斯拉夫聯邦而獨立的加盟國。於是,波斯尼亞、克羅西亞、馬其頓等不同種、不同文的小國紛紛宣告獨立,但付出的代價是長達數年的內戰。最後,上述國家都相繼取得獨立而成爲聯合國會員國,但所付出的代價可能要二、三個世代之後才能回收。

南斯拉夫正式從國際場合中除名,換來的國號是塞爾維亞‧蒙特尼格羅共和國(Serbia-Montenegro)。

經濟凋敝隨戰禍而來,上述國家沒有一個可以倖免。不錯,從觀光地理的角度而言,觀光的國家是多了,但是要想成爲可以觀光的國家,還有一條漫長的道路要走。

第二節 中東歐的觀光地理景點

一、巴雷拉洞穴BARADLA CAVES

巴雷拉洞穴位在匈牙利和捷克邊境，是一條國際連鎖洞穴，亦可以說是世界上最奇妙的「音樂廳」。最讓人驚異的另外一個奇景，就是石筍的高度可達五層樓之高，是歐洲最高的石筍洞穴。

二、貝羅葛拉迪克堡壘 BELOGRADCIK FORTRESS

貝羅葛拉迪克堡壘位在保加利亞境內，是一個人工和天然結合的堡壘。它是天然的沙石岩形成，沙石岩的結構圖案奇特，有的像傳教士、修女、騎士和張口歌唱的杜鵑鳥。目前有很多形狀的石頭已風化，但看起來仍然有雄偉氣勢。

🎫西吉山

三、布西吉山BUCEGI MOUNTAINS

布西吉山位在羅馬尼亞境內，距離首都布加勒斯特（Bucharest）西北方130公里處。山頂上有許多怪石，其中最吸引遊人的莫過於骷髏巨石，而其位置正好往山下望著傳言古羅馬尼亞吸血女王所居住之地。

四、多瑙河THE DANUBE

多瑙河是歐洲第二條長河，從德國黑森林山腳發源，流經東中歐八個國家，經過三國首都。整條河流滿了悲、歡、離、合的歷史興亡故事。

五、杜納捷克河DUNAJEC

杜納捷克河位波蘭與捷克邊境交界處，河道不長，但是有許多湍流，因其經過都是石岩石的山谷，風景優美。對急流泛舟有興趣的人，不但可以嘗到刺激，還可以飽覽群峰的壯麗風光。

六、冰凍巨人洞穴CAVES OF THE ICE GIANTS

冰凍巨人洞穴位在奧地利境內阿爾卑斯山區，是歐洲最大的冰

 多瑙河

凍巨人洞穴，看起來好像是初長成的菇菌，也是世界上最大的洞穴。位於奧地利沙爾斯堡以南35公里，一八七九年發現。

七、女人牆洞穴WOMEN'S WALL CAVE

女人牆洞穴位在奧地利阿爾卑斯山內，洞穴內的石岩石所形成的冰柱成排而列，而且站立的形狀有若婦人，因此而得名。但地質學家至今仍找不出它形成的原因，這也是一個待解開的謎題。女人牆洞穴的發現是在二次大戰初期，故仍存有許多可資探險的去處。

八、艾格峰MT. EIGER

艾格峰是阿爾卑斯山脈主峰之一，它的高度只有3,973公尺，雖不是最高的山峰，卻是以危險而聞名，世界爬山名手若沒有攀登過艾格峰，就不能以頂尖自居。其困難度有甚攀登喜馬拉雅山的聖母峰。好萊塢硬漢克林伊斯威特（Clint Eastwood）就在這個險峻山峰拍了一部名戲：《勇闖雷霆峰》（The Eiger Sanction）。艾格峰的全景呈現在觀眾面前，極為壯觀。

九、麗登尼卡洞穴LEDENIKA CAVES

麗登尼卡洞穴位在保加利亞西北方，是最受旅遊者喜愛的自然景點，二十世紀初才被發現，一九六一年開始開放給遊客參觀。當冬季來臨，洞穴內全部的鐘乳石因氣溫急速下降，其所流出的泥狀液體因而結成冰柱，由洞穴頂垂直而下，十分壯觀。在各洞穴中，最大的洞穴稱之為「偉大廟宇」（The Great Temple），洞頂距地面有十五公尺之高。

十、偉大之湖GREAT LAKE

偉大之湖位處瑞士和義大利交界處，於阿爾卑斯山之南。湖的

三面長滿了青翠樹林，因為阿爾卑斯山將北邊來的寒風阻擋住，因而湖內瑞士境內的南面，卻長滿了地中海海洋性植物，與遠方的皚皚白雪山峰，相映成趣。

十一、馬特角峰MATTERHORN

馬特角峰位處瑞士與義大利阿爾卑斯山脈內，由瑞士境內觀看，其形狀有若金字塔。它和南半球紐西蘭南島米爾佛山形狀相若。美國派拉蒙電影公司的標誌，就是取自馬特角峰實景。

十二、米爾尼克煙囱MELNIK CHIMNEYS

米爾尼克煙囱位於保加利亞西南方的小城米爾尼克。群峰凸起，有若煙囱。米爾尼克小城除了風景外，並釀造好酒。依照地質學依據，當煙囱形成之初，都是成圓狀，但經風霜侵蝕，最後形成細長形狀，更像煙囱。

十三、種植石頭PLANTED STONES

種植石頭位在保加利亞黑海港口瓦拿（Varna）不遠，一八九二年由一位俄國地質學家發現。約有三百根由沙石岩形成的植物狀石頭，整齊排列，就好像栽種的石頭一樣。石群面積長800公尺，寬100公尺，是一片天然美景。每年吸引成千上萬遊客參觀，看過的人對自然界的「魔力」，莫不嘆為觀止。

十四、普斯特傑拿洞穴POSTOJNA CAVE

普斯特傑拿洞穴位在南斯拉夫西北方境內，不過，從義大利前往比從貝爾格勒出發還近，是歐洲最美的洞穴。由於洞內的滴水帶有可以溶化石頭的礦物質，千萬年來的滴水威力，終於把地洞內可溶化的石頭雕塑成形，最後變成美麗的天然雕塑像，每年吸引成千

上萬的觀光客前往參觀。

十五、月湖MOOM LAKE

　　月湖位於奧地利沙爾斯堡以東，爲鹽頁岩。由於奧地利地處內陸，鹽成爲重要的民生必需品，自古以來，月湖都是皇帝保留的專用品，並由鹽官看守。月湖四週都是鹽頁岩，千年以來，鹽頁岩風化，於是形成月湖。目前是奧地利風光最優美的休閒旅遊區。遊客從入口的地方，仍然可以看到「此地是鹽業署的資產」（The Property Of The Salt Administration）字樣。若有機會前往遊玩，不妨和日月潭的風光相比一下。

十六、史卡瑞蘇拉洞穴SCARISOARA CAVE

　　史卡瑞蘇拉洞穴位於羅馬尼亞西北方的阿普西尼山脈內（Apuseni Range），千萬年前，當時歐洲的氣候遠比現在還冷，山洞內的滴水在還沒有落地前就結冰，於是，造成了冰柱的奇景。

十七、史洛瓦克天堂SLOVAK PARADISE

　　史洛瓦克天堂原本在捷克境內，因爲蘇俄共產集團瓦解，捷克從共黨桎梏中獨立，但境內的史洛瓦克族人也起而效尤，終於在一九九〇末葉從捷克手中獨立，自稱爲史洛瓦克共和國。於是，這個看起來像一塊塊翠玉的天堂，也歸史洛瓦克。

在捷克首都布拉格的五星級旅館裡，旅客們會發現一份類似英文報紙的讀物，內容除了介紹捷克的湖光山色外，還有一篇是教導旅客避免扒手光顧的基本方法。

首先，這份讀物勸導遊客在上地鐵時，如果碰到上車時，車門前後有兩個婦人吵架，最好避開她們，換另一個車門上車；因為這兩個人很可能是扒手集團的同黨，故意吵架而分散遊客的注意力，然後趁機下手。

其次，如果前面有一群吉普賽表演的話，也千萬不要興起看免費表演的念頭。要是旅客不明就裡，也往人群裡擠的話，說不定表演沒看成，身上的貴重物品就不翼而飛了。

再則，不要有惻隱之心。譬如：當一位遊客搭地鐵坐在位子上的時候，忽然有一個婦人拖大揹小地站在你的前面，如果你好心讓座的話，很可能會掉進「好心的陷阱」。因為吉普賽小孩，也是扒竊能手。

最後，千萬不要在街上露財；也不要貪黑市匯率而隨人走入小巷內換錢，這些都是陷阱。

其實，上述防扒的四個基本原則，用到其它各大城也一樣，特別是東歐各國。

第八章
俄　國

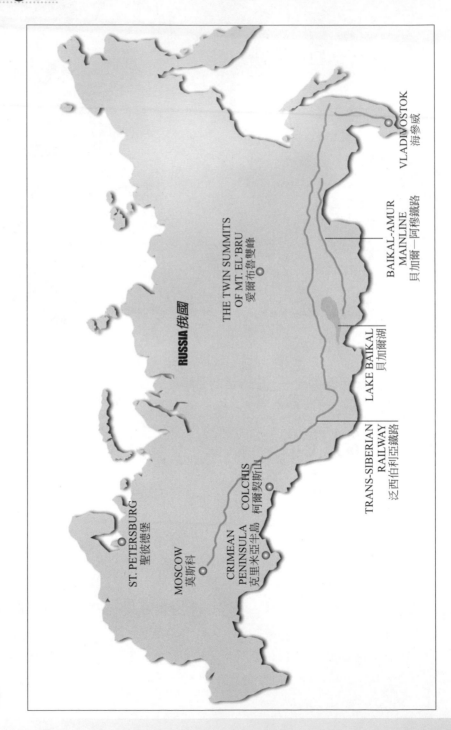

RUSSIA 俄國

ST. PETERSBURG
聖彼德堡

MOSCOW
莫斯科

CRIMEAN
PENINSULA
克里米亞半島

COLCHIS
柯爾契斯山

THE TWIN SUMMITS
OF MT. EL'BRU
愛爾布魯雙峰

TRANS-SIBERIAN
RAILWAY
泛西伯利亞鐵路

LAKE BAIKAL
貝加爾湖

BAIKAL-AMUR
MAINLINE
貝加爾—阿穆鐵路

VLADIVOSTOK
海參威

◎ 第一節 蘇聯的新與舊
THE SOVIET UNION: THE OLD AND THE NEW

在前一個世紀，俄國發動二次革命，不但對世界造成深遠影響，而且也為觀光地理造成有形和無形的衝擊，尤其是後者，其威力有若原子彈。

一九一八年，以托洛斯基和列寧為首的無產階級革命在俄國取得勝利，推翻羅曼諾夫王朝。往後的七十年中，俄國受共黨統治，在極權政府監控下，一切自由均被「沒收」。在一個沒有自由的社會裡，觀光自然談不上，觀光地理更不用提了。

一九八七年，戈巴契夫登台，首先無條件自阿富汗撤軍，隨後讓東歐附庸國相繼脫離東歐集團，波羅的海三小國也相繼獨立。在一連串的骨牌效應上，由共黨一手建立的蘇維埃聯邦共和國只剩下類似大英聯邦的「蘇聯獨立加盟國聯邦」（Russian Commonwealth of Independent States）。不過，這個「聯邦」也僅曇花一現，在一九九二西班牙巴塞隆納奧運會之後，各加盟國也就各自脫離，於是，這個「政治地理」上的名詞正式消失。蘇俄也就正式回歸到利沙皇時代的蘇俄領土，正式國號也恢復為「俄國」（Russia）。

一、蘇俄共產帝國崩潰給觀光地理帶來的衝擊

（一）自由經濟市場

蘇俄共產帝國瓦解為觀光地理所帶來的衝擊，自然是正面多於負面。

首先，俄國政府從戈巴契夫、葉爾辛到普丁，都是以自由經濟市場為改革主軸。觀光是依靠自由市場的機制而生存的。尤其是普丁接任後，俄國人對自由市場機制的運用已較為純熟，國內自由旅

遊不再是禁忌。俄國人旅遊的慾望隨著經濟改善而增加，旅遊衍生出的其他各行業也受益匪淺。

國內旅遊的風氣普遍之後，國外的遊客從各項媒體報導中，得知蘇聯秘密警察（KGB）不會再找外國旅客的麻煩，昔日夜間到旅館抓人帶回去「盤問」的惡劣情況不再。因為是自由市場，配給制度已成明日黃花；俄國政府在普丁領導下，觀光市場日趨活絡。這些正面的因素，都為俄國觀光市場打了一支強心針。

（二）文化再生

普丁的親西方政策，也讓歐洲國家的遊客放心前往俄國旅遊。俄國在沙皇統治時代，曾經有過一段文藝再生的輝煌歷史。文化的遺產雖然經過共黨統治而遭受遺棄了七十年，俄國人的血液裡，仍舊充滿優良的傳承因子。當普丁吹起恢復優良傳統文化的號角後，俄國人的反應是熱烈而立即的。於是，俄國優良傳統藝術和文化整裝再出發，吸引了成千上萬的歐洲旅客前往俄國的故都聖彼得堡欣賞再生的文化，為蘇俄的觀光向前推動一步。

（三）開放天空

在共黨專政時代，蘇俄的對外交通是極不通暢的。除了固定的班機來往於東歐附庸國外，對歐美的航空交通根本談不上，因為蘇俄自我設限，也不願意對外開放領空。

普丁總統執政後，航空的對外政策改變了，不但自由開放領空並主動和世界其它國家洽談航權。國際班機每天帶著國際觀光客前來俄國觀光，觀光的收入也逐漸佔了俄國歲收的一部分。

（四）柔性宣傳

以前在蘇共時代，共黨對外的宣傳是單向的，口號重於實質，完全不理會接受者的承受度；即使是柔性的觀念宣傳，也充滿了社會主義觀點的教條，自然不會有良性的迴響。

　　普丁執政後的觀光宣傳，教條性的文字已不再出現，俄國的藝術和風光繼之成為宣傳的主軸。俄國政府也主動支援文化團體出國表演，同時也扮演親善大使的身分，向海外宣揚俄國的優質文化和藝術表演，以便爭取更多的觀光客。當觀光宣傳變成柔性的訴求之後，立竿見影之效自可預期。

第二節　如何看新的俄國

一、莫斯科和聖波得堡的新面貌

　　冷戰還沒有結束之前，莫斯科給人的印象是陰深恐怖的。而列寧格勒──聖彼得堡前身，也成了列寧的個人「博物館」，除了列寧的陵寢之外，就是他生前的衣冠和文獻，除此之外，別無可看。可是，現在的莫斯科充滿了活力，列寧格勒再度改名為聖彼得堡。昔日羅曼諾夫皇朝風華時尚，重新出現。

　　當蘇俄共黨執政之後，莫斯科整個大城，並沒有新的建設，除了「莫斯科紅場」（Red Square）之外，甚麼也沒有。沙皇時代遺留下來的偉大建築，自二次大戰毀壞之後，再也沒有重新建造起來。除了觀光客不會選擇去莫斯科之外，連商務旅遊的外國人也盡量避免去莫斯科。現在莫斯科的面貌逐漸地失去原貌。

　　普丁政府為了要「裝修」莫斯科的門面，莫斯科市政府執行「除舊佈新」的政令，把紅場附近兩個蘇俄共黨時代留下的地標剷除，代之而起的是新建的摩天大廈。去過莫斯科的人，或者是從電影上看過莫斯科市容的人，都會對「莫斯卡瓦大旅館」（The Moskva Hotel）留有印象。因為這間旅館四周，佈下重重的KGB特務，不但監視每一個外國人，即使是本國人，也不例外。因為KGB認定，進出這間旅館的本國人士，都屬於和外國溝通的知識份子（Elite）。

　　然而「莫斯卡瓦大旅館」也即將走近了生命盡頭，在二〇〇四年的年底就會從莫斯科地標中消失。相同命運的「中央軍事購物百貨公司」（The Central Military Department Store）也將相繼拆除，隨之而起的是另外一個摩天大廈。五年以後，莫斯科紅場的景象就不一樣了，川流不息的購物人潮，取代了紅場肅殺之氣。

　　莫斯科地鐵系統開始建於一九三二年，一九三五年完成。它是以優雅的藝術美學與龐大的車站建築而著名。地鐵站內的各種裝潢，充滿藝術氣息，是市區觀光客必訪的重要景點。莫斯科地鐵共有一六四個地鐵站，每一個地鐵站都有其特殊設計，皆以富麗堂皇有如美術館、博物館著名。由於地鐵站太多，目前莫斯科市政府規劃了一條地鐵站觀光路線，也就是有名的第五號環形路線，遊客只要搭乘這條路線，沿線的地鐵站都是觀光景點。

　　莫斯科市市政府近來投資大筆盧布整修年久失修的地鐵站，主要目的自然是配合「除舊佈新」政策，再過一、兩年後，莫斯科地鐵站應是全球最富藝術氣息和首屈一指的地鐵站了！

　　普丁總統對聖彼得堡特別鍾愛，羅曼諾夫王朝留下來的一草一木，他都要把它們「再生」。其中最有名的莫過於整修羅曼皇宮，二〇〇三年七月在聖彼得堡召開的八國高峰會地點，就是在這間皇宮內舉行。先朝時代的遺物，又一一重現。往日歷史的遺跡變成現代的觀光景點的論點，可以從聖彼得堡的重建，再度獲得證明。

二、俄國的自然景點

　　從觀光地理上來講，俄國可分兩部分，一個是歐洲的俄國，另一個則是亞洲的俄國。

　　歐洲的俄國從彼得大帝開始，傳至羅曼諾夫王朝而終，在其七百年的統治中，文采風華，舉世著稱。再加上先朝的統治者都和羅馬的東正教有密不可分的關係，故宗教藝術變成俄國獨特傳統，即

使是共黨無神論者，也不能把根深蒂固的宗教影響力排斥於外。歐洲的俄國的觀光特色，多少和宗教有關。

俄國的自然景觀不多，最主要原因是氣候使然。以莫斯科爲例，每年九月到來年的三月，平均日照時間，每天只有30分鐘，因此四至八月才是觀光熱季。假若自然景觀沒有人爲愛惜與維護，最終還是被摧毀掉。

歐洲的俄國有三個自然景觀值得一提：

（一）愛爾布魯雙峰THE TWIN SUMMITS OF MT. EL'BRU

愛爾布魯雙峰的地理位置非常奇特，正好是歐亞分水嶺的雙峰，一邊屬於歐洲，另一邊則屬亞洲。

愛爾布魯山屬於活火山，雖然有1,500年沒有爆發過，但是雙峰仍然噴出硫磺氣，而溪流的水也含有硫磺味。好像在訴說著，火山隨時都會因憤怒而爆發。

愛爾布魯山是歐洲最高的山，頂峰海拔5,642公尺，但是雙峰高度只有1,500公尺，而且坡度並不險峻，山坡緩降而下，是一個非常適合滑雪的度假勝地。由於終年積雪，每到夏季，旅館不但爆滿，即使是露營區也有供不應求之勢。這股趨勢與俄國政府開放觀光有關。

（二）柯爾契斯山COLCHIS

柯爾契斯山位於俄國和土耳其交界處。依照希臘神話所描述，柯爾契斯山就是「牛奶和蜜糖之地」（The Land of Milk and Honey）。神話中金羊，就是出沒於此群山內，而神話讓柯爾契斯山成爲一個神秘的旅遊點。

除了神話之外，柯爾契斯山本身也有美麗的自然景觀，山峰之下長滿了針葉松林，河水潺潺而流，每年固定吸引成千上萬的觀光客。柯爾契斯山脈下的農莊，盛產李子、柑橘類水果、茶葉、葡萄

和橄欖。健康蔬果也是吸引觀光客的重要原因之一。

(三) 克里米亞半島CRIMEAN PENINSULA

克里米亞半島是以俄國的麗薇埃拉（Riviera）而著稱。克里米亞半島位在俄國的黑海之內，在俄皇時代，曾有過一段血腥歷史；英俄之戰，就在此引爆。地中海型氣候使其成為現今的觀光區，目前半島的南岸，是有名的別墅勝地。普丁政府正在半島南岸大力興建更多的別墅和觀光旅館，有朝一日，或許此地會取代法國麗薇埃拉的地位。

亞洲的蘇俄是一片廣闊無垠的松林落葉帶（Taiga Deciduous Forest）和針葉松林帶（Taiga Coniferous Forest），也就是地理上所指的西伯利亞（Siberria）。西伯利亞再往北，就是冰原地帶（Tunpra）。因此，這片冰原帶的原始森林，較不具觀光價值。

三、俄國的潛在景點

俄國有兩處具有無窮觀光潛力的鐵路建築，不能忽略。

(一) 泛西伯利亞鐵路TRANS SIBERRIA RAILWAY

泛西伯利亞鐵路長10,900公里，橫跨亞、歐兩大州，通過十一個時差區，起自西伯利亞的海參威（Vladivostok）而止於莫斯科。

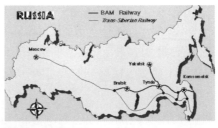

西伯利亞鐵路

鐵路建造之初，完全不是考慮觀光發展，而是著重政治和軍事考量。政治是蘇俄共黨剷除異己的手段，因此鐵路建築工人多數是政治犯和囚犯；其次為了要增加亞洲蘇俄的國防建設。俄共鑑於日俄戰爭戰敗的教訓，才下定興建橫跨歐亞兩洲鐵路的決心。但是若從觀光的眼光來衡量，這條鐵路卻有無窮的開發潛力，如果普丁把觀光東移，則西伯利亞鐵路的觀光地位將獲得提升。

(二) 貝加爾──阿穆爾鐵路BAIKAL－AMUR MAIN-LINE

這條鐵路從一九七〇年代初開始興建，整整花了十年才完成，曾被稱為「世紀的工程」（The Construction of the Century）。鐵路長3,200公里，經過七座山、共跨越3,700個峽谷、沼澤地及河川。開工之初，完全是不毛之地，現在已有七個新城鎮。相信再假以時日，這條起自西伯利亞貝加爾湖而止於阿穆爾河太平洋出口處的險峻鐵路，一定會為觀光地理帶來加分效果，也將帶給喜愛冒險旅遊的人新的挑戰。

第三節 古老帝國的歷史遺蹟與絲路的重現

一、古國遺蹟

蘇俄帝國可劃分為二：一個是俄國沙皇時代的俄國帝國，另一個則是蘇俄共黨一手建立的共黨帝國。這兩個帝國的共同特點是：「一國之內，諸國並存」（A Country of Countries）。沙皇時代併吞了不少亞洲的古老回教國家，而這些國家都有豐富的文化遺產和自然景觀。俄共在革命取得政權之後，蘇維埃聯邦共和國建立，然而上述的回教古國並沒有獲得「解放」，又自然地變成蘇俄國內的一員。誠如前節所述，從蘇俄共黨政權瓦解到加盟國紛紛獨立，俄國和中東接壤的各回教古國，自然而然獨立。

從蘇俄脫離而獨立的亞洲古回教國家包括阿曼尼亞（Armenia）、亞賽拜然（Azerbaijan）、卡薩克斯坦（Kazakhstan）、庫金斯坦（Kyrgyzstan）、塔吉克斯坦（Tajikistan）、土克曼尼斯坦（Turkmennistan）和烏茲別克斯坦（Uzbekistan）。

二、絲路

中國古代的絲路，是歐亞兩洲商旅貿易的必經陸路要道，也是中國和歐洲最早接觸的通商大道。古代絲路就是由中國的長安向西行，路經新疆、印度以及目前這些回教古國而到達土耳其，然後橫越地中海到達義大利的威尼斯。

這條商業大道雖經崇山峻嶺和浩瀚的大草原，甚至酷熱無水的大沙漠。千里之遙的道路，除了堅強的意志和令人無可抗拒的誘因外，實不足為功。若從觀光角度而言，開發的必要性並不高。然而，這條新絲路隨著亞洲古回教國的「復活」，也讓久無生氣的絲

阿曼尼亞

路再現生機。

（一）阿曼尼亞

　　阿曼尼亞是新絲路由土耳其開始往東的第一國，位處於土耳其和伊朗交界的山區中。早在西公元前八世紀，阿曼尼亞人就已經建立了獨立王國，當時的面積遠比現在大，舊約的諾亞方舟，就是停放在該國高達4,090公尺的阿拉格特斯山（Aragats）內。因為全國受重山包圍，故礦藏豐富。

（二）亞賽拜然

　　亞賽拜然和阿曼尼亞相鄰，盛產石油。早在西元八○○年，亞賽拜然人就開始利用石油當燃料，同時因為油氣在地面上燃燒，也使其獲得了「地面之火」的封號，亞賽拜然之名由此得來。

（三）土克曼尼斯坦

　　過了裡海（Caspian Sea）之後，就是土克曼尼斯坦，地理位置上與伊朗及阿富汗接壤。土克曼尼斯坦的灌溉系統優良，因而農業發達。除此之外，絲、油、天然氣和硫磺也有出產。自古以來，即是歐亞的通衢要鎮。

(四) 烏茲別克斯坦

烏茲別克斯坦介於土克曼尼斯坦和卡薩克斯坦之間。是中亞的大國。早在西元十世紀，蒙古帝國首領之一烏茲別克汗在此建立自己的帝國。該國也盛產石油和天然氣。除此之外，該國的灌溉系統十分優良，主要農產品是以棉花為主。沒有脫離蘇俄之前，它是蘇俄棉花最大供應國。

(五) 卡薩克斯坦

卡薩克斯坦是中亞各古國中面積最大的國家，面積幾乎和印度一樣大。以出產糧食、棉花和水果為主的國家，礦產也特別豐富。以前的產品完全供應蘇聯，但現今則屬於自由市場制度。由於面積廣大，在蘇聯佔領時，還在該國的沙漠地區設立核爆試驗場地。Baykonyr就是火箭的發射基地，現今終於擺脫這項危運！

卡薩克斯坦

(六) 庫金斯坦、塔吉克斯坦

和中國新疆接壤的兩個小國庫金斯坦和塔吉克斯坦均為具有豐富回教文化背景的國家，也是最新絲路由新疆出口的要塞，地位十分重要。這兩個古回教國均以農業為主，其間也有一些牧產品。

上述的中亞古國在蘇聯的百年統治下，雖然缺乏政治自由，但因地處邊陲，莫斯科當局給予保留原有的文化特質，在建築上也以

古老的形式為主，因而給予人們有一種復古的感受。類此國家的交通如公路和鐵路，原來都屬蘇聯附庸，因此規格都是相同的。這些原先不起眼的因素，在一但將絲路連結起來的時候，交通網路就顯得特別重要了。

　　古代的絲路是靠人的毅力去克服困難，長途跋涉以達成任務，並沒有觀光的因素在內。不過，現代的絲路卻不再是一種勞其筋骨的旅遊，而是一種搭乘現代化的交通工具去沿途欣賞古文化的旅遊。

　　在可預見將來，現代絲路之旅，將會活躍在世界的觀光地理上。

第九章
北歐諸國：挪威、瑞典、芬蘭與丹麥

MOSKENES ISLAND
莫斯堪尼斯島

NORWAY
挪威

MAR VALLEY FALLS
馬爾村瀑布

SWEDEN
瑞典

FINLAND
芬蘭

GEIRANGER FIORD
蓋連傑峽灣

DEAD FALLS
死瀑布

JOSTEDAL GLACIER
祖斯特達爾冰河

SOGNE FIORD
森格尼峽灣

HELSINKI
赫爾辛基

OSLO
奧斯陸

STOCKHOLM
斯哥爾摩

GOTLAND
葛特連德大島

ELSINORE CASTLE
愛爾莎諾堡

DENMARK 丹麥

COPENHAGEN
哥本哈根

　　北歐諸國——挪威、瑞典、芬蘭和丹麥都是位處在北極圈的國家，他們的共同自然特點是冬長夏短。夏天沒有黑夜，冬天也見不到陽光。

　　這四個國家的自然風光要以挪威最為險峻，整個國家好像是由氣勢雄偉的峽灣所組成；瑞典是維京人的祖先，位於挪威和芬蘭之間，全國佈滿了蒼松翠柏的山林，清可見底的湖水以及急流、緩流交錯的河道，是秋天狩獵、冬季滑雪的好地方；芬蘭人有兩個引以為傲的優點：一個是體育運動選手輩出，另一個則有千湖之國的美譽，加上碧綠的樹林，使它自然成為一幅美麗的風景圖畫；丹麥在史坎迪那維亞半島三國之下，南與德國為鄰，首都哥本哈根靠近瑞典，位處波羅的海出入口，自古以來，即為兵家必爭之地。丹麥共有406座大小島嶼，其中只有89個有人居住。祖先是強悍的維京人，國人以擁有眾多的古堡而自傲，古堡也是觀光的勝地。

第一節　挪威NORWAY

一、地形

　　挪威是一個風景如畫、生活富裕之國。挪威屬於窄長形的國家，北起自北極海的北角（North Cape）南到林迪斯尼斯（Lidesnes），全長1,752公里，西北臨挪威海（Norwegian Sea）東與瑞典為鄰。

　　挪威的整個國家都是山巒，幾乎沒有平地。最平坦的地方，也高出海面平300公尺。因為地質變化的關係，峽灣（Fiord）到處都是，峽

挪威峽

灣也是最吸引人的地方。挪威人常說：「我們是用秀麗的村莊、雄偉的風景如峽灣、峭壁、峻嶺和森林溪谷來歡迎觀光客的。」

二、生活習性

到挪威觀光的遊客，除了欣賞風光之外，也可以親身體認一下挪威人在富裕環境下成長的生活方式。每個挪威人都擁有自己的房子，釣魚是一般國民的嗜好。由於挪威人從小就懂得釣魚，也因而培養出忍耐和抓住機會的個性。在二十世紀初，挪威還是歐洲最窮困的國家，現今的挪威卻成為世界上少數幾個高收入的國家之一。挪威成功的故事，和靜中生悟釣魚習性有密切的關係。

挪威的國家運動是滑雪和登山，這些都是由天然環境培養出來的運動。到挪威去觀光，不妨參加戶外登山活動。對觀光客而言，春夏之間的登山活動是最為有趣的行程，不但可以親身體驗森林步道的幽靜可愛，同時也可以享受在其他國家體驗不到的特殊風情，特別是沿山下的村莊別墅，有彷如置身世外桃園之感。

三、觀光勝地

到挪威觀光，有幾個峽灣及其它風光勝地絕對不能錯過：

（一）蓋連傑峽灣GEIRANGER FIORD

蓋連傑峽灣是挪威最優美的峽灣，距離北海入口處70公里。峽灣雖然只有長約15公里，但風光如畫，夏天乘著船欣賞兩岸懸壁風光，加上彷若從天瀉下的瀑布，如幻似真，有若仙境。因為峽灣山巒層次分明，有高有低，瀑布由上流下的層次也就顯得不一樣，從不同角度望去，可以同時看到七條巨大的瀑布從天而瀉，七姐妹瀑布也因而得名。

（二）祖斯特岱爾冰河JOSTEDAL GLACIER

祖斯特岱爾冰河位於挪威南部，是歐洲最大的冰原。從高處往

下看，冰河的形狀有如一條巨大的「冰舌」，它是擁有25條冰舌形狀的冰河。冰舌的厚度達320公尺，用巨形來描述並不爲過。

由於氣候使然，大約在十八世紀，祖斯特岱爾冰河的面積一度擴張。可是，到了一九三〇年代，因爲氣候轉暖，於是面積開始縮小；在一九六〇年代，又再度擴張至今日的面積。目前祖斯特岱爾的冰河面積約815平方公里。

（三）馬爾村瀑布 MAR VALLEY FALLS

馬爾村瀑布是歐洲最高的山峰形瀑布，瀑布所流之處，都是堅硬的花崗石，早在冰河時期即已形成。瀑布長達655公尺，氣勢雄偉。從瀑布形成的湖邊上看，就好是天神兩把發亮的尖戟，實際上是直奔而下的一條水柱，只不過因爲山脊的遮擋，讓人產生出兩條瀑布的錯覺。

馬爾村瀑布是世界第三高瀑布，第一高瀑布是位在委內瑞拉境內的薩爾多天使瀑布（Salto Angel Falls），第二是美國加州的優勝美地瀑布（Yosemite Falls）。

每年六月，是馬爾村瀑布最壯觀時期，因爲冰山雪融，爲瀑布增加了下降的威力，形成一條水柱由山頂直達湖底，十分壯觀。

（四）莫斯堪尼斯島 MOSKENES ISLAND

莫斯堪尼斯島是挪威的外島，靠近北極圈約150公里。由於北大西洋的暖流經過，因而使得這個北極小島變成觀光別墅勝地，每年五月底到七月中旬，是最美麗的觀光季節。暖流加上整天廿四小時的日照，形成日不落島的奇景；但是到了冬天，卻是不見天日的黑暗日子。

（五）森格尼峽灣 SOGNE FIORD

如果說蓋連傑峽灣是挪威最美的峽灣的話，那麼，套用在挪威且與其相距只有100公里的森格尼峽灣，則是被公認爲全世界最美的峽灣了。也因此贏得「眾峽灣中的國王」（King of Fiords）。

峽灣全長204公里，深1,200公尺，因爲深度的關係，峽灣就好像是一面平滑的「藍色玻璃」。峽灣四周佈滿了村莊，乘船遊覽峽灣的觀光客可以選擇下船到村莊小住，欣賞田園之美。

第二節　瑞典SWEDEN

一、自然風光

瑞典是一個以壯麗的森林原野風光和數不盡的清澈湖水而聞

瑞典風光

名。森林面積大約佔了一半以上的土地。在二十世紀的前半世紀，由於森林的過度開發，因而引發了森林面積萎縮的危機；隨後，瑞典政府大力推動再造林計畫，不但保護了原始森林，再造林也慢慢地顯現出功能，成為野生動物的樂園。特別是從沼澤地長出的林木，成為候鳥和各種鹿類的天堂。而這些新栽種的林區，也是觀光客和賞鳥客的常遊之地。

二、河川海岸線

在瑞典的漫長海岸線上，分佈了大小不一的列島島嶼，尤其在首都斯德哥爾摩（Stockholm）一帶，陸地和水面交雜在一起。許多島嶼在夏季的時候，湧進了休閒的瑞典人和外來的觀光客。能夠充分利用島嶼的特質將之轉型為度假休閒區，應屬瑞典人做得最成功。

瑞典的河川都是源自北方高地的大湖，靠近挪威。由於水源充足，河川奔流而下，形成急湍奇景，也造成了不少風景奇絕的峽灣。河流的出海口，是挪威最引以為傲的淡水、海水混合漁產區。河流內的鱒魚，是觀光釣客們的天堂。

三、季節慶典

瑞典觀光的最佳季節為夏天，從六月初到八月底，整個瑞典都瀰漫在夏日的氣氛中。尤其在六月六日前後，也就是國慶日的當週，每一個社區都搭起了平台和棚架，上面擺滿了各色各樣的鮮花和彩帶，特別是仲夏夜晚通宵達旦的各場派對，將夏季歡樂帶進高潮。當北半球正被酷暑所擾之際，最好的避暑地方，自然是瑞典了。因為瑞典的夏季非常短，瑞典人也非常地珍惜。學校放暑假，工商活動時間提前開始、提前結束，儘量讓每一個瑞典人都能享受夏天這個愉快的季節。

瑞典人結束夏季的慶祝方式之一為品嚐龍蝦晚宴，家家戶戶你

來我往，興高采烈地吃著龍蝦和喝酒。遊客們若是在八月中旬前往瑞典，一定可以帶回不少多彩多姿的回憶。

進入冬天的瑞典，幾乎是和太陽隔絕。南瑞典日照時間只有六小時，北部只有三小時。不習慣寒冷和陰暗的觀光客，最好不要選擇冬天去瑞典。

四、傳說

在瑞典的外海，距首都斯德哥爾摩不遠的島嶼中，有一個名叫葛特連德（Gotland）的大島，也是波羅的海中的最大島嶼。相傳葛特連德島上有數不盡的黃金，島上的人用的養豬槽全是用銀子做；婦女們的裝飾品，也全是用金子打造而成。

葛特連德島是不是有數不清的黃金，不得而知。不過，島上佈滿了石船，卻是奇景。在石船上鑿了各種不同的圖案，瑞典稱爲「圖畫石頭」（Picture Stones），用來解說生命的輪迴。其中有兩片石刻的圖案中解說著：太陽是世界上最高的統治者，而船隻是派來將死人帶回到陰府之地安息的工具。這些石刻圖案，也同時訴說著傳說的精髓所在。根據考古學家考證，島上的石刻可推斷爲銅器時代就遺留下來的。

葛特連德島外還有一個美麗的綽號──玫瑰花之島（Island of Roses），因爲即使在寒冬的十二月，玫瑰也會盛開綻放。隨著奇異的開花季節，奇妙的傳聞也就不斷流傳，爲瑞典增加一些傳奇的故事。

瑞典圖畫石頭

第三節　芬蘭FINLAND

一、千湖之國

芬蘭被譽為千湖之國，也是森林之國。不過，芬蘭的北部靠近北極圈，全是不毛之地的冰原。人口多集中在南部。

(一) 冬季

芬蘭最奇妙的地方是有三個冬天（Land of Three Winters），分別是秋之冬（Autumn Winter）、深冬（High Winter）和春之冬（Spring Winter）。深冬的日子又冷又黑，可以說是萬物皆冰，波羅的海也不例外，因此冬天不適合觀光；每年三月的天氣最為亮麗，耀眼的太陽照射到冰雪上，讓寒冬過後芬蘭人頓有心曠神怡之感，這也是「春之冬」最可愛之處。

(二) 千湖之國

芬蘭有千湖之國的美譽，看到眾多湖泊的造形，的確是實至名歸。由於芬蘭有兩條從北到南的山脊平行延伸至南邊海岸出口處，山脊長滿了翠綠的森林，但由於山脊不高，不少淤積地因而形成大小不同的湖，有些湖為樹林所遮蓋，但從空中望下，卻是景象美麗的碧綠湖水。島和湖幾乎密不可分，因而贏得「千湖之國」的美譽，也成為觀光的大景點。

(三) 休閒

芬蘭人以體育休閒而自傲，對運動有興趣的觀光客，不妨到芬蘭看看。因為芬蘭每一個城鎮，不論大小，都設有一個以上的體育館，而每一個體育館都附有桑拿浴池，以舒解運動過後疲倦的身心。大約有三分之一以上的芬蘭人，都有合格的滑雪執照。芬蘭過去也培育出不少體育健將，或許和全民體育的好習慣有關連。

到芬蘭觀光，要用休閒的眼光去欣賞。

第四節　丹麥DENMARK

一、以堡壘出名的島國丹麥

　　沒有去過丹麥的人，大概都會嚐過丹麥點心。但是，這不是丹麥引以自傲的標誌，點心只不過是小小的食品商標而已。

　　丹麥面積比瑞士稍為大一點，但扼波羅的海的咽喉，是維京人的後裔。自古以來，即是征戰之地。祖先維京人靠著先天上的地理位置優勢，海盜王國也曾雄霸一時。因為戰爭頻頻，攻防都有獨到之處，並擁有堅實和快速的維京戰艦，常讓鄰近海域的人，聞聲色變。

　　丹麥人也知道防禦是另一波進攻的起點，因而在國內興建不少堅固的碉堡，以防敵人的入侵。時至今日，許多古堡的舊址仍存，在殘垣敗瓦中，讓人興起盛衰之嘆。

二、腳踏車旅遊

　　到丹麥觀光，最好騎乘腳踏車，因為很多地方騎腳踏車去看要比坐車來得過癮，尤其是在古堡內的小街，能騎腳踏車就方便多了。丹麥全國共有四十萬輛腳踏車在使用，到了假期，全家騎車出遊是一種很普遍的戶外活動。很多西方的遊客雖然不會講丹麥語，但也很樂意參加丹麥人的騎腳踏郊遊活動，分享他們的快樂。能和當地人成一片，應該是最有收獲的旅遊！

三、愛爾莎諾堡Elsinore Castle

　　丹麥是由德國本土延伸出來的半島，首都哥本哈根在另外一個島上，它和瑞典只有一道小海峽之隔。哥本哈根位處錫連島

愛爾莎諾堡

（Zealand Islands），在最北端有一個著名的古堡，丹麥人稱之為愛爾莎諾堡（Elsinore Castle），愛爾莎諾堡出名的原因如下：

1. 為英國大文豪莎士比亞名著《王子復仇記》（Hamlet）中的古堡發源地。相傳，莎翁來此遊玩因而獲得靈感，寫出了不朽悲劇。根據丹麥人的記載，遠在莎翁來訪之前，這個堡的原名叫「克龍鮑格城堡」（Kronborg Fortress）後來因為莎翁妙筆，隨著文豪鉅著的流傳，也就成為日後的愛爾莎諾堡了！

2. 其次，根據丹麥本身的神話故事，克龍鮑格城堡是丹麥巨人豪爾格（Holger the Danc）居仕之地。神話形容豪爾格是「睡英雄」（Sleeping Hero），他終年長臥在克龍鮑格堡最地下層。只有在丹麥國家發生危機時，他自然會在夢中清醒，由古堡中出來為捍衛國家而戰。等到擊退敵人之後，他又走回地窖中長臥了！

　　因為丹麥有許多古堡，每個古堡都有一段有趣的故事。丹麥是一個童話故事特多的國家，或許和古堡有直接關連吧！

　　北歐諸國有其共同的特點，但也有同中求異的奇妙之處。到北歐觀光最大的獲益，除了天然的冰山·冰河之外，它們的人文長處，譬如說，懂得過日子的休閒心態，才是值得一個觀光客去細細品味的地方！

第十章
波羅的海三小國、白俄及烏克蘭

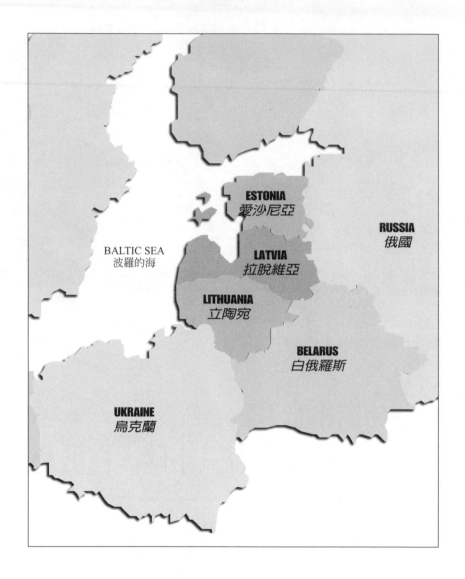

第一節　歷史背景

一、政治發展

　　從觀光地理角度上來看，波羅的海三小國——愛沙尼亞（Estonia）、拉脫維亞（Latvia）和立陶宛（Lithuania）——雖然面積不大，總共只有174,000平方公里，但是它們都瀕臨波羅的海，加上獨特的民族性，自有其必要性。

　　當蘇俄前總統戈巴契夫宣布改革開放政策之後，上述三小國立即「響應」，遠在各附庸國之前宣布脫離蘇俄而恢復自由獨立之身，並立即獲得西方國家的承認。因為二次大戰結束後，蘇俄共黨藉機「併吞」，但並沒有獲得大部分西方國家認同。三個小國在很多西方國家的首都設有使館級的機構，以爭取同情，而西方國家也認同這些機構存在。波羅的海三小國宣布獨立之後，從而帶動了蘇俄附庸國紛紛獨立的骨牌效應。

二、觀光推展

　　波羅的海三小國獨立後，立即策劃推廣觀光，它們首要的推廣對象是向西方國家內的三國後裔人民招手，要他回來看看五十年不見的「祖國」。這個口號十分響亮，各國的後裔懷著遊子返鄉的心情回去，於是掀起了一波又一波的探親潮，也帶動了觀光建設。

　　在共黨統治時代，三小國並沒有迷失自己的本性。除了對馬克思主義唯唯諾諾奉承之外，還是保留著自己的語文，母語並沒有消失。當一個社會的母語仍然存在著時，本身的文化自然而然地保留卜來。而當在海外的遊子返鄉後，發現似曾熟悉的的固有文化乃在向下紮根時，口耳相傳的觀光推廣亦隨著散布開來。

　　根據美國《國際前鋒論壇報》的一篇報導指出，波羅的海三小

國的外來投資成長率，超越其他獨立的蘇俄加盟國，投資人均屬三小國的海外後裔和相關企業，而商務也帶動了觀光的成長。值得一提的是，不少蘇俄加盟國，都面臨實施民主自由的瓶頸，議會制度也為社會帶來紛擾，讓整個國家付出了無法預估的「民主代價」。但是，波羅的海三小國卻沒有發生這種現象，安定的環境讓外資紛紛投資到各種行業上。

第二節　文化發展

一、地理位置

　　波羅的海三小國中，愛沙尼亞靠北，和芬蘭只有一個海峽之隔，首都設在托爾林（Talinn），與芬蘭首都赫爾辛基（Helsinki）遙遙相對。拉脫維亞在愛沙尼亞和立陶宛之間，東邊與白俄羅斯（Belorussia）為鄰，首都設在里加（Riga）。立陶宛除了和拉脫維亞為鄰外，東和烏克蘭（Ukraine）接壤，南和波蘭相鄰。在十三～十四世紀，立陶宛和波蘭組成波蘭—立陶宛帝國，以羅馬教皇為尊，因此立陶宛也曾有過一段輝煌的歷史，目前首都設在威爾尼亞斯（Vilnius）。

　　由於天然地理位置使然，在過去一千多年中，不斷遭受分割和附庸的命運，也因而讓三國人民對本身的語言和文化更加珍惜。當外國報導這三個國家時，都會一再強調「保留自己語言和根深的文化」（Own Language and Strong Culture）的詞彙。來形容它們的共同特點。

二、體育活動

　　值得一提的是，立陶宛的體育非常發達，尤其是籃球運動，高

手輩出。二○○三年立陶宛國家籃球隊，就是以黑馬姿態出現，勇奪歐洲杯冠軍，成為雅典奧運歐洲第一種子球隊。立陶宛人口約三百五十萬人，卻能造就一支歐洲杯冠軍籃球隊，應該是歸功於全民體育的狂熱。而體育活動，則又是觀光推展不可或缺的一環。

三、文化之旅

在討論波羅的海三小國的觀光地理現狀的時候，如果能把白俄羅斯及烏克蘭加在一起的話，應該會有更好的賣點。白俄羅斯和烏克蘭在蘇俄共黨統治時代，都是聯合國的會員國，獨立行使投票權。白俄羅斯地處內陸，烏克蘭南方則有黑海出口，而烏克蘭最有名的觀光旅遊休閒地就是克里米亞半島。根據我國駐拉脫維亞代表處的建議，國人若要到三小國旅遊時，最好也能把白俄羅斯和烏克蘭加在內，前往克里米亞半島旅遊。

　　歐洲的觀光地理從小的島國英國開始，到另外三個波羅的海三小國結束，其間的變化可用「複雜無常」四個字來形容。觀光地理是一個新的名詞，自然也代表是一門新學問。地球村日漸形成，但地球村並不能把觀光地理集中在單一的村子討論。雖然地球村的存在已屬必然，但「村民」與「村民」之間的來往，還是需要透過護照來表明自己的身分，而且還要一紙簽證才能通行無阻。觀光地理的內容也是一樣，雖然同屬歐洲，但彼此之間的特色是截然不同的，這也是觀光地理吸引人的地方，因為其中還包括了「人性」在內。

　　在論述歐洲觀光地理各篇中，不難發現各不相屬的特色，但若仔細研究，彼此之間都存在著微妙的關係。例如：由於自然地理進化的緣故，英國被摒於歐洲大陸之外，自成一國語言，自有一套政經理論，而風光也與歐洲大陸國家迥異。英國所蘊藏的神奇故事和難以解釋的自然奇觀，都是觀光地理中引人入勝的地方。然而，在遠古以前，英國還是歐洲的一部分，英國人的血液裏，還留有維京人的基因。

　　在歐洲大陸中，法德兩國為鄰，本應和睦相處才對，其實不然。撇開歷史上的恩怨情仇不談，即使是觀光地理兩國也極不相同。到法國觀光，可以欣賞到多元化的優質觀光文化；可是越過邊界到了德國，景緻不一，文化各異。德、法雖是鄰居，但無法相提並論。

　　南歐的國家中，除了希臘是西洋文明的起源地之外，其他國家也接受了地中海文明的薰陶，都曾在歷史上留下一段不可磨滅的光榮時刻。淵遠流長的歷史與文化，也變成現代觀光地理的寶藏。

　　在歐洲，有一條細訴歷代王朝興衰的長河──多瑙河。流經八國和三個首都，流經之處都是千百年來王朝興替的詩篇，隨著流水傳給後人，多瑙河是一條最有價值的觀光之河。河的兩岸有直衝雲霄的峭壁、波淘怒吼的湍流、平靜無痕的流水還有一望無垠的魚米之鄉。是一條值得遊玩的觀光之河。

　　東歐的國家在歷史上也曾有過輝煌的一頁，因為他們不是奧匈帝國的一員，就是東羅馬帝國的中堅份子。可惜第一、二兩次世界大戰都因之而起，二次大戰結束後又淪入鐵幕，直到蘇俄共產帝國瓦解才紛紛獨立。在過去，觀光對東歐是一個生疏的名詞，然而東歐本身有豐沛的天然景觀和歷史資源，相信東歐會逐漸在國際觀光地理上佔居重要的地位。

　　蘇俄共黨政權尚未崩潰之前，其所佔有的加盟附庸國都擁有悠久的歷史文化和古蹟，而且自然風光景點無數。然而共黨政權的本質就是排斥觀光，在黨的僵硬教條下，觀光成為資本主義社會的一種罪惡。共黨不接受來訪的觀光客，自然也不准國內的人民出國參訪，使得大好的壯麗山河景色和豐富的悠久歷史文化都塵封起來。

　　蘇俄共黨解體之後，總統普丁了解觀光的重要，於是把莫斯科和古都聖彼得堡的門面都裝修起來，觀光不再是一種罪惡，而是宣揚國威的重要工作。俄國如此，而其前中亞回教加盟國也紛紛打起觀光的旗號，而最引人注意的是古代絲路又將復活。

　　北歐的國家和歐洲其他國家的景緻及人文背景又不一樣。北極四國地處北極帶，這些國家的北方都在北極圈內。由於日照的關係，北歐四國呈現半年全夜、半年全晝的奇特現象。北歐諸國因地緣之故，使得冰河時期留下的峽谷與冰川的雄偉觀光景點隨處可見。到北歐四國觀光，不要錯過欣賞休閒生活的機會，如若體會過北歐人的生活之後，可能會感嘆自己「虛度時光」。

　　觀光地理和觀光市場相依為命，有若唇齒。了解到歐洲觀光地理的特質，相信會對日後的觀光推展或為消費大眾服務，達到立竿見影之效。

波羅的海三國以出產「琥珀」（Amber）而聞名，全球出產琥珀的地方，除了上述三小國之外，另外一個地方就是波蘭；除此之外，再沒有其它地方以產琥珀而有名了。因此，國內觀光客出外旅遊時，如遇有買琥珀的機會，最好先問一問產地，從出售者的問答中，就可以判定琥珀的真偽。

　　琥珀形成的原因是松樹的松脂流至地面凝聚成塊，在凝聚成塊的過程時，有些小昆蟲，如螞蟻或蚊蠅因嗅到松脂的香味而撲爬到松脂層面吸引香味，忽然之間而來的大自然災害，例如地震，將倒下的松樹埋在地下，經過幾千年的大自然變化，產生金黃色或酒黃色的透明結晶，有些結晶是為因「碰巧」，把昆蟲包含在裡面，這種琥珀稱為極品。目前市面上也有人造琥珀，但因昆蟲屍體太過整齊而極容易分辨。用「栩栩如生」來做為判斷真偽的標準，最恰當不過。

　　琥珀是三大有名的有機礦物寶石之一，其它兩種分別是珍珠（Peral）和珊瑚（Coral）。

　　國內觀光客若然有機會到上述的國家觀光，不妨看看琥珀，以便實地瞭解狀況。

2003年八月，立陶宛國家籃球隊以黑馬恣態，勇奪歐洲杯冠軍，一時之間，立陶宛的籃球國手行情，馬上在美國職業籃壇NBA市場上看漲。

　　美國NBA籃球賽已不局限於美國，籃球好手也跳脫了只有美國球員的窄門框框。能夠在美國NBA球壇立足的外國球員，不但為國家揚名，而且也為體育觀光打開一條出路。當NBA比賽透過全球實況比賽時，效力美國NBA球隊的外國球員，都會透過播報員把他們的代表國家，一一介紹出來。觀眾很可能因為好奇而去觀光。看看美國NBA火箭隊的中國球員姚明，就是一個很好的例子。

　　觀光地理透過體育運動的推廣，形成一條嶄新的「雙贏定律」。

AMERICA

VACATION GETAWAYS

美洲篇

第十一章
美　國

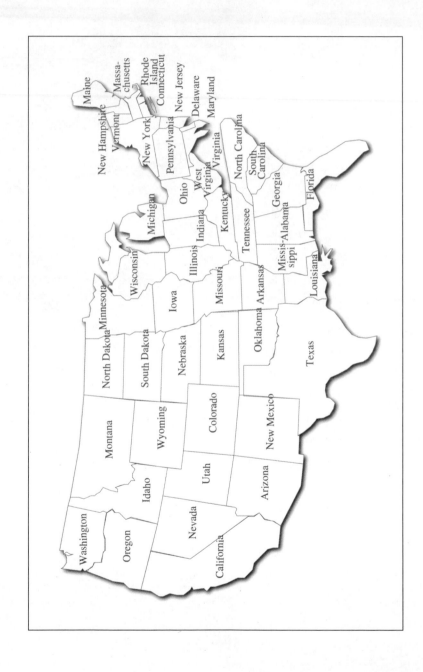

第一節　911之前自由旅遊的美國：守法

一、崇尚自由法治的國度

美國是一個崇尚自由的國家，美國也是一個尊重「個人自由」遠超過「國家自由」的國家。因此，自由是美國人生活的一部分；沒有自由，生活毫無意義可言。但是，自由不踰越法律的規範，自由若是觸法，將會受到法律制裁。到美國旅遊的旅客，最大的感觸是美國人的守法精神，與生俱來。美國人曾為了自由而革命，就因為自由得來不易，才會更加珍惜。

到美國旅遊的外國遊客，從進入海關開始，就享有充分的自由。外國人士到了美國，只要持有有效期限內的汽車駕照，就可以租車上路，而每一個加油站也提供免費地圖的服務。很多FIT的遊客喜歡自己駕車遊覽，但是，也有不少超速者被公路警察攔下，輕者開罰單，重者說不定要吃官司。很多外國人到了美國開車，都會不經意地把一些壞習慣帶進美國，這些習慣有可能在自己國內不會受罰，但在美國可能就違法。因為習性使然，也因此可能會和執法者吵上一架，甚至有人以為塞「紅包」就可「平安無事」的壞習慣，在美國全部無效，甚至可能罪加一等。

到美國觀光區遊玩，特別是到國家公園觀光，是一種接近大自然的享受。但是，千萬不可以忘形到隨意攀折花草或隨地丟棄垃圾；一旦被執法者抓到，旅途自然是不愉快的。

到美國旅遊，不必怕被人跟蹤，住旅館也不用怕半夜會有人敲門盤問。除了有規定限制觀光的地方之外，任何地方都可以自由遊玩。到美國觀光最重要的一件事，即是凡到任何一地，都先要看清楚告示，有沒有任何「禁止標誌」，若是不加注意時，則麻煩恐會接踵而至。當然，每一個告示牌的地方，不一定都會有執法人員，僥倖的違法或許會逃過一時，但僥倖不是違法的護身符。

二、講信用、護人權的國家

美國是一個講守信用的國家，也是一個相信別人的國家，但是一旦所講的話受到質疑或自露破綻的話，則麻煩隨即而來；若是信用破產，將面臨走投無路的厄運。這裏所指的信用破產是指欺騙海關人員而被拆穿；其次是對執法人員隱瞞眞象，而無法自圓其說。到美國旅遊最重要的是據實以報，不要怕因爲怕不小心所犯的錯遭受處罰而故意用遁辭逃避，否則最後果將會自食惡果。

隨觀光團到美國旅遊，若是到紐約觀光的話，一定會安排去參觀紐約的自由女神像。這位自由女神的一隻手高舉自由火炬，另一隻手則捧著一本美國憲法。憲法保障自由，自由不能侵害憲法，其理甚明。不過，去參觀自由女神的外國觀光客裏，不知道有多少人能體會自由和憲法兩者相濟的精義？

美國人講人權，美國政府也保障人權，尤其在是卡特政府時代，人權成爲外交政策最重要的一環。到美國旅遊千萬不要觸犯到「人權」的禁忌，因爲美國是一個多元種族的國家，種族和諧共處是其穩固和凝聚社會向心力的重要磐石之一。很多到美國旅遊的人，興高采烈的去，卻帶著一肚子怨氣回來，查其原因，不外乎是觸犯到人權的圖騰。

因爲美國是一個崇尚個人自由的社會，也直接鼓勵個人及家庭旅遊。每年夏天，不但是本土美國人，就連海外來的遊客也蜂湧地進入各式不同的觀光區：如精美遊樂場所、大型主題公園、國家風景區、各類不同的度假休閒區，特別是露營區、海灘別墅和山間小築等等，享受一年一度的旅遊節日。旅遊是美國人的日常生活一部分，每年一定要利用休假，出外遊玩。有的選擇出國，有的選擇在國內，因爲自由，也就沒有任何顧慮。美國人的旅遊方式，與歐洲人完全不同。

在尼克森主政時代，因爲越戰的關係，他喊出了「先了解美國，再去了解別人」的口號。越戰方殷，隨後而來的海外反戰，也

讓美國人自動減少出門旅遊的機會。沒有人願意出外旅遊而帶著不愉快的回憶返國。尼克森主政期間，美國國內的旅遊事業蓬勃發展。新的旅遊道路不斷興建和延伸、各大城的老機場要擴建設備以迎接客機升降頻率的直線增加，新的機場也不斷地落成。到了雷根總統時代，美國的旅遊市場的質和量，也達到頂峰。

三、交通系統

（一）公路系統

到美國旅遊，如果自己會開車的話，簡直是一種活讀觀光地理的享受。貫通美國的越州聯邦高速公路共有三條主幹：

1. 聯邦90號公路（InterState 90）：由東部的波士頓城到西北部的西雅圖城，沿線經過北部各州，是一條貫通美國東北部的主要幹線。
2. 聯邦80號公路（InterState 80）：由紐約到舊金山，貫穿美國心臟地帶，是中部幹道。
3. 聯邦10號公路（InterState 10）：由南部的喬治亞州亞特蘭大城到西南部加州洛杉磯，這條由東南到西南的大道，讓西南部的德克薩斯州與新墨西哥州和美國公路網連成一體，不再有「孤星」的感覺。

美國的公路網有如密織的蜘蛛網，不但是提供給美國的學生、低收入家庭和個別旅遊者的最好運輸工具，也提供一些外國觀光客親身體會美國生活和風景的廉價旅遊服務運輸系統。

（二）鐵路系統

美國的鐵路在二次大戰前曾經風光一時，到了二次大戰後，羅斯福總統推動新政所著手建立四通八達

象徵自由民主的自由女神像

的公路系統相繼完成，於是，汽車取代了鐵路；加上航空網也隨之完成，鐵路的功能自然下降。火車旅遊也變成過去式。

前文所提，在尼克森倡議「先看美國，再看世界」的口號下，美國的鐵路系統也有了革命性的變化，鐵路的功能由運輸而變成旅遊的服務項目。例如：由紐約到邁阿密的「陽光特別快車」（Sunshine Specials）就是很好的例子，車廂完全用玻璃打造，讓遊客可以從紐約往南一直欣賞南方的景緻和享受溫和的陽光，鐵路生命也自此進入第二春。

另外值得一提的鐵路服務是由三藩市到丹佛的「洛磯山脈特快車」（Rockies Specials）加入觀光行列。車廂透明化，讓旅客親眼目睹洛磯山脈的雄偉氣魄，旅客可以在風景點的車站下車遊玩，然後再搭乘下班列車繼續旅遊，直到終點站為止。搭乘火車非常方便、隨興，不僅提高遊客們的興緻，也達到美好回憶的目的。

四、影視大國

到美國觀光是一件愉快的事，因為觀光客可以看到許多好萊塢電影電視取材的實景。每當電影的鏡頭拍攝紐約時，「自由女神像」是不可或缺的景點。觀光客一但到了紐約，能與自由女神「合照」，是一件多麼令人興奮莫名的事。

看慣西部片電影的人，對西部的崇山峻嶺，滾滾黃沙留下深刻印象。而自己能夠實際體會西部的拓荒精神所在地，將是多麼刻骨銘心的記憶。很多美國偉大的電影故事，都是發生在小城鎮，每一個小城鎮都有自己的故事，觀光客在路過小城時，不妨探尋一些故舊，或許也能為自己編織一個美好的回憶。

到亞特蘭大城，不要忘記到「亂世佳人」的發源地，去憑弔影帝影后也好，或是憑弔古戰場也罷，探尋在世世代代的交替中，是否能找到一個共同交集點。

千萬不要以為芝加哥就是美國黑社會的大本營，也不要以為到

了洛杉磯就會有星運降臨，拉斯維加斯亦不是隨手可挖到金的大金礦，如果旅遊的終點站是三藩市，那麼觀光客的心會留在那裏嗎？

美國民謠歌星伍迪‧古瑟瑞（Woody Guthrie）在他的歌聲中，詮釋了美國人的夢：

這塊土地是屬於你的，也是屬於我的；從加利福尼亞州到紐約曼哈頓島；從紅木矗立的樹林到細細清流出海的海灣，這塊土地就是為你、為我而打造的！

的確，這是美國人的夢。當觀光客到過美國觀光之後，會不會想到也許這也是自己的夢呢？因為在一個自由的社會裏，每一個人都可依靠自己的奮鬥去讓美夢成真！這應該是去美國旅遊體會的寶貴經驗。

第二節　911之後自由旅遊的美國：受限

一、嚴格的簽證

這個世界是很奇妙的，偶然發生的一件事，或許會改變一個人一生的命運，但對一個國家而言，又何獨不然？911事件發生後，徹底改變了美國的旅遊生態！限制性的旅遊取代了自由的旅遊。對外國旅客而言，自由旅遊已是明日黃花！

由於美國是一個尊重人權的國家，很少質疑證明文件的真偽。於是，尊重個人自由也變成美國防恐的最大漏洞，非法移民比比皆是。非法移民到美國分為兩類：一為討生計而圖發財夢；另外則是有目的恐怖份子潛入美國社會，以便製造可乘之機，進而破壞整個美國社會結構使其進入無政府的混亂狀況！911恐怖攻擊事件就是一個典型的例子！

911之後，美國緊縮了外國人申請入境簽證的數量，手續也由簡轉繁，等待核發簽證的時間也由短變長，遭受拒發給入境簽證的人數也愈來愈多。簽證是進入美國觀光的第一道手續，入境簽證拿不到的話，則無法進行其他的觀光計劃。入境簽證發給從嚴，也直接影響到觀光人數的成長。

二、嚴密的入關檢查

以往美國入境檢查的手續非常簡單，一切採信任態度。也就是相信入境者的申報和口頭談話。但在911之後，任何人進入美國國土的關口，都要接受檢查，即使是邦交國的駐美使節或公務入境的友邦高層官員，也不能豁免。二○○三年五月，馬來西亞副首相阿布都拉‧班特到三藩市機場過境（註：當年十一月一日正式接任總理職務）也要接受脫鞋檢查，雖然馬國駐美大使出示副首相的身份，但也不能例外。個人自由和尊嚴受損，莫此為甚。美國政府為了安全，也了解犧牲小我自由的必要性、重要性和「罪惡性」。

三、駕車

開車不再享有自由行駛道路的自由。飛馳於高速公路上的警車，隨時會響警鈴，指示「懷疑」車輛停車並接受檢查。911之後，美國設立了「內安部」（Department of Inland Security），當布希總統將他的構想說出來時，曾引起兩極的反應，但最後，安全重於一切的一派獲得勝利，而代價是捐出小我的自由。

以往在美國租車，只要駕照和信用卡即可。在911之後，租車的手續變得繁瑣，複雜的表格幾乎是一份自白書，財務狀況也從信用卡中反映出來。過去的駕駛紀錄最好隨身保留，如果忘記隨身攜帶，也要記住保險公司的名稱和個人的保險字號，以便租車公司追蹤查詢。因為有不少恐怖份子就是利用以往容易租車的漏洞而進行恐怖陰謀計畫。為了安全，租車者只好配合。

四、露營

露營也受到管制，特別是外國觀光客，幾乎沒有集體露營的自由，因為「內安部」怕在郊外，特別是人煙稀少的地方露營，是製造犯罪和恐怖活動最好的地方。對FIT族群而言，自然是一種錯過和大自然接觸的損失，也是一種不易彌補的遺憾！

五、購物

到大型購物中心，千萬不要存有「花錢就是大爺」的想法。當旅遊客人進入購物中心時，要先通過第一步安全檢查，在進入購物中心之後，購物者就會受到來自上、下和四面八方的攝影機監控。只要舉止稍一失常，立刻會有彪形的保安大漢一湧而上，盤問舉止不正常的原因，直到滿意為止；如果驚惶解釋不清，就會被請到安全區內接受調查！「寧願錯抓一百，也不放過一個」的專制想法，居然會在崇尚自由的美國出現，真是讓觀光客有「今世何世」之感！

六、住宿

不論是住大、小旅館，特別是公路沿線的汽車旅館，也不再是以簡易的登記手續即可享有進入房間的待遇。櫃檯經理和顧客的談話內容有如檢查官和被告的對話，「以客為尊」的服務態度，已被吹毛求疵的問話方式取代。安全第一才是首要考量。

七、搭乘飛機

搭乘飛機不能再有最後一分鐘才趕到的習慣，航空公司在售票時，一再提醒旅客，務必在飛機起飛前二小時到達。行李檢查和搜身所花費的時間，遠超過911前好幾倍。不合規定的物品立即查扣

而且不再歸還，安全檢查人員的態度不再友善。對來自可疑地區的觀光客而言，檢查幾近超越保護人權的起碼要求。911以後到美國旅遊，行李愈少愈好，免得自惹麻煩。

八、搭乘巴士

搭乘旅遊巴士旅遊的觀光客，最好把旅行證明文件隨時帶在身上，準備接受突如其來的檢查。911以前，有不少過於小心的旅客會將旅行文件放置在行李內，但只要旅行團的領隊能夠證明團員的身分即可。911之後完全不同，如果旅行文件放在行李內的話，檢查人員會要求旅客將行李找出來，然後拿出證明文件，等到身分獲得確認後，全體團員才能放行。所以千萬不要把文件遺失，以免招惹不必要的麻煩。搭乘火車也是一樣，車票不再是有效證據，護照和有效簽證才是通行證，特別是在美墨接壤的德州和新墨西哥州兩州旅遊，隨時接受盤問的次數愈來愈多。

九、集會遊行

當越戰方殷之際，美國國內的反戰團體所舉行的示威遊行，幾乎無時無刻不有。反戰怒火有燎原之勢。當時美國聯邦調查局胡佛局長曾下令聯邦調查局幹員偵騎四出，對遊行者種種濫權不法監控之事，層出不窮，最後才由國會立法制止。但911之後，聯邦調查局又開始對反戰示威（反對出兵伊拉克）團體緊迫盯人。司法部長艾許布羅克（R. Ashbrook）即以911事件美國遭恐怖攻擊為由，解除不少禁令，讓幹員有監視政治集會、清真寺及其它公眾集會的權利。

對於到美國的觀光客，特別是FIT族群而言，千萬不要去湊政治集會、公眾集會和清真寺集會的熱鬧，免得惹上被盯哨的危險。911之後，盯哨和旅館檢查不再是前鐵幕國家的專利，美國人也有

樣學樣了！因為「關切潛在犯罪及恐怖活動」高於一切。

　　美國是一個開放自由的社會，也因而鼓勵自由旅遊，不過，911之後，開放自由的社會的善意，也變成了恐怖份子的溫床。根據聯邦調查局調查結果顯示，恐怖份子利用自由的漏洞，取得簽證進入美國，再利用尊重人權的弱點，而做出長期非法居留的打算，也因而使得911事件發生。為了免除歷史悲劇重演，美國對自由旅遊採取收網政策，國際旅客再也無法享受911事件以前那種隨心所欲的遊玩方式；不過，即使限制加多，基本上而言，美國仍然是一個世界上的國際觀光大國，值得觀看和取經的地方太多。

1972年八月，筆者隨當時台北市議會議長張建邦博士，率領台北市少棒隊前往美國威廉波特進行世界冠軍衛冕戰。大軍經過美國第一站夏威夷，按規定全機旅客都需接受入境檢查，少棒隊自不例外。

由於入境時是凌晨五點，當時我國駐檀香山總領事柳鶴圖將軍向海關單位情商，可否採用抽樣檢查，以便提早通關，讓小朋友可以充分休息。海關檢查人員也同意，檢查前一再問全體團員，有沒有帶水果和肉類進口，大家的回答自然是沒有。

於是，海關人員隨便挑了兩個小朋友的行李檢查，他們直覺認為，小朋友不會騙人。可是，兩位小朋友中的其中一位，帶了一罐茶葉，但因其重量異於一般茶葉，於是打開一看，茶葉罐內藏有兩顆蘋果，這下問題鬧大了。海關人員直覺認「全團」有欺騙意圖，下令對全團的行李來一次嚴格檢查。柳總領事和張議長不但無法開口說話，而且也感到臉上無光。

嚴格檢查的結果，也只有那位小朋友帶了兩顆蘋果，其餘團員均依照規定，沒有違規攜帶水果和肉類。經過從嚴檢查的折騰，到出關時已是下午一點。

這件事情可以說明，到美國海關接受檢查時，一定要奉行「誠實是最好的做人道理」這條千古不移定律。這件事情發生後，作者經常拿它來做例子，說明進入美國海關，最好實話實說，免得招惹不必要的麻煩。

第十二章
美國東部——美國文化發源地

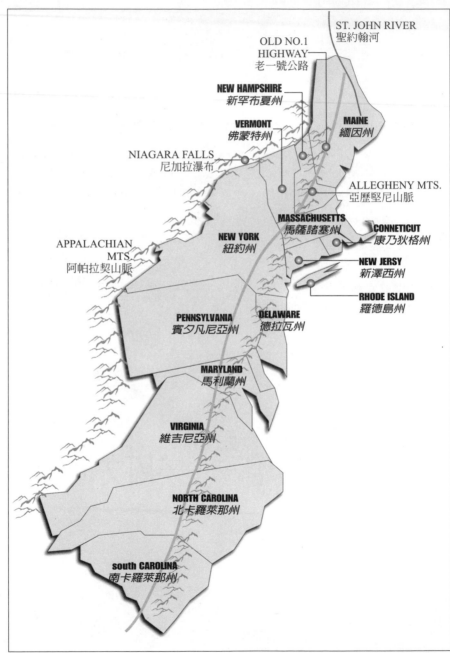

ST. JOHN RIVER
聖約翰河

OLD NO.1
HIGHWAY
老一號公路

NEW HAMPSHIRE
新罕布夏州

VERMONT
佛蒙特州

MAINE
緬因州

NIAGARA FALLS
尼加拉瀑布

ALLEGHENY MTS.
亞歷堅尼山脈

MASSACHUSETTS
馬薩諸塞州

NEW YORK
紐約州

CONNETICUT
康乃狄格州

APPALACHIAN
MTS.
阿帕拉契山脈

NEW JERSY
新澤西州

RHODE ISLAND
羅德島州

PENNSYLVANIA
賓夕凡尼亞州

DELAWARE
德拉瓦州

MARYLAND
馬利蘭州

VIRGINIA
維吉尼亞州

NORTH CAROLINA
北卡羅萊那州

south CAROLINA
南卡羅萊那州

第一節　地理區

一、新英格蘭

到美國東部觀光，一定要試圖去了解美國東部文化及其衍生出來堅毅不拔的立國精神。一般人認為，美國的立國精神就是清教徒精神。宗教驅使美國人在艱難困苦的環境下和各種不利的環境奮鬥——人為的也好、自然的也好，如果不去克服，就會被打敗。

美國東部原始十三州和現在的美國東部已經不一樣了。因為內戰的關係，維吉尼亞州、北卡羅萊納州、南卡羅萊納州以及喬治亞州都被劃為美國的南方。現在的東部，只能用新英格蘭（New England）這個名詞代表：包括緬因州（Maine）、馬塞諸賽斯州（Masschusetts）、康乃迪克州（Connecticut）、羅德島（Rhode Island）、紐澤西州（New Jersey）、紐約州（New York）、賓州（Pennsylvania）及達拉瓦州（Delaware），一共有十個州。

這十個州的共同特色是，處在大西洋和阿帕拉契山脈（Appalachian Mts.）及亞力堅尼山脈（Allegheny Mts.）之間，兼具海洋和山脈的特色，因而自然形成無數的觀光景點。新英格蘭是美國最早的發展地區，文物薈萃，名校雲集。但整個新英格蘭區的小鎮，仍保存早期殖民時代留下來的風味。世界的觀光客，特別是來自英國、愛爾蘭及義大利三國的觀光客，都特別喜歡到新英格蘭區參觀。他們常常發現若干在本國已失傳的手藝或風俗習慣，居然可以在新英格蘭區的小城發現，讓他們大為驚奇。新英格蘭區以保守著稱，和保存古風，不無關係。

第二節　特殊景色

一、聖約翰河

　　新英格蘭的緬因州，位於美國最東北角，與加拿大接壤。兩地之間有一條浪漫無比的聖約翰河（Saint John River），這條河只有670公里長，整條河流都是穿梭在樹林之間，沒有任何正確河道，除了在湍流處稍微危險之外，大致來講，都可見淙淙流水。河道流經的小鎮，成為觀光景點，特別是在月夜，因為水影的關係，有時可以看到「兩個月亮」相距非遙。緬因州政府曾有過一個有趣統計，十對男女中大約有八對是在聖約翰河訂定情盟，而且多能白頭偕老。這條河因此也吸引了不少外國來的觀光客，尤其是年輕的情侶，要相約一同去看看聖約翰河的奇妙。

二、老一號公路

　　在新英格蘭區有一條有名的「老一號公路」，起自緬因州，至佛羅里達州結束，貫穿美國東南各州。它是一條風景優美的多景點公路。

　　老一路公路在新英格蘭所經過的地方，要以春秋兩季最美。初春時，東北端的緬因州和新罕普什爾州，瑞雪初融，生命力強的樹木，亦有微嫩的綠芽冒出來，一顆樹的小小綠芽，並不見得有美好的吸引力；可是，成千上萬的樹林都穿上淺綠的外衣時，帶給人的印象，卻是極具震撼力。等到仲春，一號公路兩旁的花朵爭相吐艷，好似每一朵花都在向遊人招手，請遊人們下車欣賞花朵的美，為花的儀態和其艷麗評分。遊客開車到了這條花團錦簇的長廊，都紛紛地下車賞花，為欣賞美，遊客們對時間的花費是絕不吝嗇的。

　　有人說，老一號公路的秋天是最美的。因為新英格蘭到了秋天，滿山遍野都是「楓火」，萬物變色。遠道而來的觀光客，駕車

前訪，沿著蜿蜒的山路繞過一丘又一丘，雖然山丘各有不同，風味卻自然調和。不論是春天和秋天，新英格蘭區就好像是一個大家閨秀，不論濃妝、淡抹，處處顯露出優美典雅。

三、阿帕拉契山脈

阿帕拉契山脈為新英格蘭地區的人帶來了大自然的挑戰。早期的移民要往西移，第一條路障就是要征服原始的山區。山雖然不高，最高峰不超過三千英呎，但出沒的山貓（美洲虎）和神出鬼沒的印地安人一樣可怕。具有勇氣、毅力並帶點運氣的人，越過了山之後，就是另外一個天地，中西部大平原就呈現在他們的腳下。

現在的阿帕拉契山脈已成為有名的「藍山」（Blue Ridge），這條從加拿大延伸到美國阿拉巴馬州南部的山脈，是遊客的天堂。整條山脈的森林內，遍佈各式各樣的國家公園。春天是賞花的季節、夏天是露營者的天堂、秋天狩獵、冬季滑雪。「藍山」變成一條多元觀光的山脈。

四、尼加拉瀑布

到紐約州觀光，首先要去水牛城參觀尼加拉瀑布（Niagara

尼加拉瀑布（美國）

Falls）。尼加拉瀑布雖然不是世界第一大瀑布，但是觀瀑的設計，卻是世界一流的。特別是在迷濛的天氣下觀瀑，水氣和霧氣混合為一，瀑布的龐大水柱就好像是來自天庭，雷霆萬鈞之勢有若天神因怒生威，震撼天地。如果覺得水牛城尼加拉瀑布的威勢不夠的話，不妨開車到加拿大的安大略（Ontario）觀看只有一河之隔的尼加拉瀑布。從水牛城開車到安大略只需跨越一條懸空的鋼橋即可到達，十分方便。（註：進入加拿大需辦簽證）從安大略觀看尼加拉瀑布，其氣勢之磅礴，有若進入洪荒時代，震攝人心。

尼加拉瀑布（加拿大）

五、波斯頓

波斯頓（Boston）是美國革命的發源地，茶葉黨在那裡抗拒茶葉稅而引燃了革命之火。現今的波斯頓贏得了一個柔美的頭銜——「新英格蘭的皇后城」（The Queen City of the New England）。波城能得到榮銜的主因起源於城內有一條千迴百轉的查爾斯河（Charles River），河的兩岸，種滿了楊柳，春天的柳絮隨風飛舞，配上兩岸百花爭艷，正好是送給「皇后」的春天之禮。每到夏天的黃昏，查爾斯河的兩岸，坐滿了情侶，細數天上的星辰，直到天曉，這些情景，自然也是「皇后」的最愛。秋天的垂柳葉子慢慢轉黃，片片隨

風飄落到河上,隨波逐流,有若無情的音訊,讓「皇后」感到蕭瑟。到了冬天,查爾斯河有若一條銀柱,艷綠鮮紅的溜冰男女,隨著音樂起舞,好像是通過銀柱,走向天庭向「皇后」祝賀聖誕快樂。就是這條河,讓波斯頓變成「皇后」。

六、紐約

紐約州是新英格蘭區的帝國之州(Empire State),紐約是第一大城,因而也順利贏得「皇帝之都」(The King's Capital)的榮冠。紐約是一個多元文化的大城,上流社會人士喜歡她,販夫走卒也愛她,因為她擁有各種不同的場合來滿足不同階層的需求。像位於第四十二街的「時代廣場」(Time Square),是觀光客的天堂;要聆聽黑人的爵士樂,只要到哈林區的酒吧,就可欣賞到美國獨特的爵士樂文化;格林威治村(Greenwich Village)是藝人和雅痞的「家」(Home of Artists + Yuppies),在此地的作畫人,都是有水準的奇才,他們天生傲骨,不願讓藝術經紀人抽取藝術佣金,因而寧願街頭賣畫。對畫有興趣的人,都會到格林威治村向「奇才」求畫,所付出的代價遠少於畫廊的作品,但所購得的畫,其精緻程度,遠高於燈光下的展示品。紐約的自由女神像還在赫遜河口屹立不搖;但是在對面的貿易大樓,卻已變成911之後的憑弔場所,令人唏噓徘徊不已。

七、費城

費城是於英格蘭區的另一名城,也稱為「憲法之城」(The City of the Constitution),因為美國的立國所繫──憲法,就是在費城公布的。現今的憲法廳已成為觀光景點,以讓後人緬懷先賢立法之不易,同時也讓國際觀光客景仰美國的憲法精神,以收師法之效。

到費城,千萬不要錯過參觀費城的「長木公園」(The Long Wood Garden),因為「長木公園」有一句名語:「只要你能說出的

花名，我們這裡都有！」到長木公園參觀的最好月份，自然是夏天，因為夜晚的彩色噴泉，隨著音樂的節奏而起舞；而人性的喜、怒、哀、樂，也從顏色中顯露出來。

在各種音樂表演中，以貝多芬的田園交響曲所帶來的各種自然變化，最讓觀、聽眾留下深刻印象。大地電閃風號的各節樂章，配著彩色的變幻，把宇宙的自然神奇力量，完全詮釋出來。看過長木公園噴泉水舞的表演，有如於巫山山巔賞雲。

長木公園內的奇花異草，是以五大洲來分。其中以中南美洲的食人花、非洲埃及的古荷、亞洲各色各樣的竹子，北美洲沙漠奇異仙人掌，以及阿爾卑斯山地的異類花朵等等，都很有層次地標明出來。

長木公園內的薔薇最吸引人，因為是唯一四季都開花的植物（Perpetual），即使到了深秋，當園內其它的植物，有的枯萎、有的轉黃，唯獨薔薇還花容艷麗，枯榮顯成對比。特別是經過園藝家們細心栽培過的薔薇花，彩色嬌嫩，有若散花天女，降臨凡間以花悅人。

費城雖然是憲法之都，但以長木公園對費城所散發出的吸引力而言，若以花之都名之，並不為過。

費城長木公園

第十三章
美國南部－謎樣的拼圖

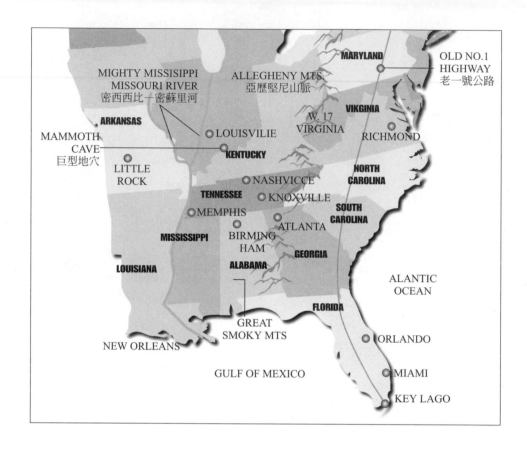

第一節　地理區

　　自美國內戰結束之後，南方各州的人因敗軍之將不足言勇，而過著懷憂喪志的生活。南北戰爭之前，南方各地就是務農為本，沒有工業可言。戰敗之後，北方來的「北佬」並沒有帶給南方任何工業化的契機，因而時至今日，南方仍以務農為主。不過，南方的農業耕作方式和美國中西部的開放型態的廣耕方式，儼然不同。南方的農村，仍然保留著內戰時代所留下的遺風，這種在美國其它各地都看不見的古風，卻演變成觀光的好景點。讓人不禁聯想起「塞翁失馬，焉知非福」這句話。

　　美國南方一共包括十一個州：維吉尼亞州（Virginia）、西維吉尼亞州（West Virginia）、肯塔基州（Kentucky）、北卡羅萊納那州（North Carolina）、田納西州（Tennessee）、阿肯薩斯州（Arkansas）、南卡羅萊納那州（South Carolina）、喬治亞州（Georgia）、路易斯安那州（Louisiana）及佛羅里達州（Florida）。

　　到美國南部，一定要注意當地的社會生態。根深蒂固的種族歧視仍是揮不去的陰影。人為改革的假平等，並不能消除種族隔閡的鴻溝，不能帶有色眼鏡去看南部，但也不能有天真的想法，以為種族問題已經徹底解決。

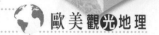

第二節　特殊景色

一、菸草耕地

　　美國的菸草都集中在南部諸州，形成了一個龐大的菸草王國。雖然現今已證明菸草對人體有直接傷害，而且會導致肺癌，但是菸草公司的公關卻密如蛛網，他們把很多出產菸草的耕地，轉化成觀光點，可以說是一種另類發展。

美國南部菸草田

二、老一號公路

　　美國的老一號公路進入南部之後，景觀為之一變。殖民地時代留下來的鄉村風光，仍然到處可見。若是碰到棉花收成期，一片又一片的棉田園景，有如雪白的錦繡大地，煞是好看。如果時逢菸葉成熟季，其所呈現出來的另類綠色平原，則又別具丰采。這是老一號公路在東部路段所看不到的。

　　老一號公路進入佛羅里達州之後，景色又是一變。熱帶雨樹林

內的景緻，完全和南部其它各州不同。法國和西班牙都曾經統治過佛州，拉丁美洲的遺風，至今仍到處可見。佛州內的沼澤地，以往是印地安人、美洲豹和鱷魚出沒之地，但現在這些危險現象已有「緩和」的跡象，因為印地安人已經沒有了。美洲豹和鱷魚雖然經常出沒，不過，因為有很多的安全防禦措施，對遊客而言，是一大福音。雨樹林內的沼澤地是鳥類的天堂，也是觀鳥者的樂園。佛州沼澤地內的紅鶴（Flamingo）和朱鷺（Ibis），常有驚艷的演出。太陽剛從佛州水平線上升起的一剎那，成千上萬隻的紅鶴或朱鷺，瞬間振翼破林而出，潔白的羽毛帶上朱紅色的尖嘴，反射在晨曦上，煞是好看，堪稱一絕。

三、阿帕拉契山脈

阿帕拉契山脈橫跨田納西州時，美國人把這一段稱之為「巨大的多煙之山」（The Great Smoky Mts.）。這個名稱的由來有兩個解釋：遠在十八、十九世紀，田納西州內的紅番多在阿帕拉契山脈內出沒，紅番的訊號多以煙火為記，狼煙遍野，給人一種戰爭的恐怖感。以「虎帳狼煙」來形容當時的狀況，最為恰當。於是漫天煙火的阿帕拉契山，也就變成漫山煙火的多煙之山了。

另一個解釋：因為山林的枯葉不斷堆積，經年不斷的風吹、雨打和日曬，讓腐葉生出瘴氣，遠遠望去，山巒就好像是在煙霧之中，多煙之山因而得名。

在巨大的多煙之山的山區內，國家公園比比皆是。有些屬於聯邦政府、有些屬於州政府的財產。山邊下的社區，也會為自己建造一個山林公園。上述各種不同類型的公園都有一個共同點：充分提供營地給喜愛露營的族群，而公園內也有山間小築，讓一些沒有搭帳蓬意願的旅客居住。公園的設計十分週密，不少其他國家的露營地經營者或國家公園管理階層，常前往取經。

四、小石鎮和伯明罕

在美國南方，有兩個曾經在五十年代不斷在國際媒體和美國本國媒體上曝光的「名城」，一個是阿肯薩斯州的小石鎮（Little Rock），另一個是阿拉巴馬州的伯明罕城（Birmingham）。這兩個城因為種族歧視而爆發流血衝突以致「惡名昭彰」。現在半個世紀已經過去，觀光客若是到了美國南部，都會前往親身體驗一下留有歷史紀錄的「名城」。當年艾森豪威爾總統派遣聯邦軍隊護送一名大學一年級女生進校園上課的歷史鏡頭，至今還留在小石鎮的博物館內，阿肯薩斯州大學校園內的暴亂情景，仍可以從特意保留下來的陳跡，捕捉一些殘缺記憶。那位曾被上千阿兵哥護送上學的女生，如今仍健在的話，也應該是祖母級的人物了。

「伯明罕事件」是正反兩派的歷史大對決。黑人民權領袖金恩博士和阿拉巴馬州州長華萊士如今均已作古。不過，伯明罕對決的那條街道，如今仍在。每當觀光客，特別是了解當年情況的遊客，走過這條馬路時，只有唏噓而沒有任何歡樂。

五、路易維爾城

喜歡看賽馬，就一定不能錯過肯塔基州的路易維爾城（Louis Ville）一年一度的大賽馬——肯塔基德貝（Kentucky Derby）。德貝大賽每年五月初舉行，賽馬場為邱吉爾・唐斯（Churchill Downs），位在路易維爾城郊外，是一個豪華的國際跑馬場。場內綠草如茵，場外百花吐艷。路易維爾城不但是一個賽馬勝地，也是觀光客的熱門遊覽地。

六、納許維爾城

喜歡鄉村音樂的觀光客，絕對不能放棄到田納西州納許維爾城

（Nashville）「朝聖」。每年夏季成千上萬的鄉村音樂迷都會蜂湧進入納城，聆聽各種不同場合的鄉村音樂大會，整個夏季，讓歌迷們隨著音樂節拍瘋狂。夏天到納城，最好是先訂好旅館，如果沒有妥善安排，定會爲「房事」而吃足苦頭。

七、紐奧良

　　納許維爾城是以鄉村音樂有名，鄰近的路易斯安那州的紐奧良城的爵士樂，卻是以獨創風格而稱霸歌壇。爵士樂是從美國黑人音樂演變出來。到了二十世紀初在紐奧良初試啼聲，隨後數十年間即風靡世界。不過，喜歡爵士樂的人，還是要去紐奧良城膜拜，因爲時至今日，它仍然是紐奧良城的靈魂。不論它的聲音傳播多遠，它的根還是深植在老家。紐奧良城的「波本街坊」（Bourbon Street）

紐奧良爵士樂

是爵士樂的演奏地。整條街充滿法國情調，街道兩邊，酒吧林立。音樂和酒香，從正門或窗戶散發出來，讓遊人們不知不覺間走了進去，享受當地爵士歌手演唱和演奏。

波本街是一條多文化的街道，而爵士樂隊也是多用途的。喜慶遊行，爵士樂隊沿著波本街一面演奏，一面在唱，而路人也隨歌起舞，甚至和樂隊有聲同樂。出殯的隊伍，也要沿著波本街走，走到了盡頭，就是墓園。同樣的樂隊，奏出不同聲調的樂章；同樣是跳舞的人，卻是滿臉哀容。當地人士相信，死者在入土為安之前，一定要選擇波本街為其最後的一程，聽完爵士樂的最後一個音符，才能「心甘情願」進入天國。

到紐奧良的觀光客，也可以搭乘十八、十九世紀暢行於密西西比河的豪華遊輪。目前還有兩艘複製船仍在密西西比河口出河處載客遊覽密西西比河一程。船上的公關口齒清晰地如數家珍般把過去的浪漫遊河史向乘客介紹。船上掛滿了歷史性照片，看過之後，讓人興起滄海桑田之感。

八、邁阿密

邁阿密是美國最南部的第一大城，由於和古巴遙遙相對，自卡斯楚上台後，邁阿密就成為古巴人響往自由的天堂。在過去五十年來無數的古巴人，冒著生命危險來邁阿密尋求「美國的政治庇護」，久而久之，邁阿密也成為罪惡之城。很多著名的好萊塢電影，每每用沙細如銀的邁阿密海灘做為背景，為其宣傳。其中最有名的過於○○七的「金手指」，久而久之，邁阿密海灘成為逐浪者的天堂。

不過，邁阿密卻是「老款時裝的天堂」（The Paradise of the Vintage Fashion），尤其是在邁城的迪哥區（Deco District），所有名牌的老款時裝，都可以在此找到。曩昔眾多艷星穿過的時裝，也會在玻璃櫥窗內展出。不少青年男女會到迪哥區購買老款時裝而且出

邁阿密迪哥區

手大方。所謂老款，是指十年前或二十年前流行的款式。時裝界的
人士常說，老一代人不喜歡的過時款式，新一代人卻視之為寶，就
是這種心理，才能讓時裝設計師能夠繼續發揮下去。到迪哥區觀
光，並不需要非買不可，逛完了櫥窗觀光之後，喝一杯下午茶，也
是一種享受。

九、奧良多

　　佛羅里達州的奧良多城，值得一遊，除了水族館之外，迪士尼
的「神奇王國」（The Magic Kingdom）樂園，是一個老少咸宜的巨
型遊樂場所。整個「王國」依湖而建，每一個館都有主題，遠比洛
杉磯城的迪士尼樂園更具吸引力。各獨立之單元的主題館依湖而
建，館與館之間可以搭乘湖艇，也可以搭乘環湖公路的區間車。主
題館有以國為名，如墨西哥館；有以自然景觀為名，如動植物館；
也有以童話故事為名，如小人國…等。可以說是「神奇王國、無奇
不有」。

　　美國南部到了今天，還是像一個拼圖，看起來很容易拼起來，
但到了拼圖將完成之際，卻發現有一個小缺口，讓整個拼圖無法完
成。這就是謎樣的美國南方，也是讓人著迷的地方。

美國南部的肯塔基州除了以賽馬而聞外，在自然景觀光方面，卻有一個世界最長的迷宮形走廊隧道地穴。遊客可以從指定的入口往下爬進「迷宮」，愈往深處走，愈覺得造化的神奇。

　　隧道長廊內有如一個包廂，其寬闊程度，足以容納一座十二層樓高的建築物。另外一個巨型包廂名之爲「廟宇」，寬165公尺、長90公尺、高40公尺。在包廂內另有一個圓形洞穴，直徑43公尺，高12公尺。

　　如果有機會去肯塔基旅遊的話，千萬不要錯失參觀的好機會。

第十四章
美國的中西部及西南部

第一節　美國的中原

一、地理區

　　美國的中西部及西南部是美國的心臟地帶——中原，也是美國穩固的基石。去美國觀光的人，很少會到中部大平原觀光，因爲既沒有崇山峻嶺和特殊景點，而且在有限的時間之下，東西海岸都來不及參觀，就更不用提中原地帶的各州了。

　　不過，美國的中原和世界其它國家的中原，稍有不同。她不是文化的起源點，卻是文化的保留點；她不是國富民強的標誌，卻是藏富於民的寶庫；她沒有波濤洶湧的呼喚聲，卻有淵遠流長的河水。用流水表達了沈默的大多數的意志，密西西比河（Mississippi River）和密蘇里河（Missouri River）的寂靜流水，道盡了其中的一切。

　　美國的中原東起於阿帕拉契山脈（Appalachian Mts.），西止於洛磯山脈（Rocky Mts.）北和加拿大交界，南和墨西哥爲鄰。中原一共包括十四個州：密西根州（Michigan）、俄亥俄州（Ohio）、印地安那州（Indiana）、威斯康辛州（Wisconsin）、伊利諾州（Illinois）、明尼蘇達州（Minncsota）、愛荷華州（Iowa）、密蘇里州（Missouri）、北達科達州（North Dakota）、南達科達州（South Dakota）、尼布達斯加州（Nebraska）、堪薩斯州（Kansas）、奧克拉荷馬州（Oklahoma）及德克薩斯州（Texas）。

二、新移民

　　遠在一七八九年以前美國東部的統治階層，還是將眼光放在大西洋的彼岸歐洲；可是一七八九年以後，美國新一代年輕人，卻有

路須摩爾山的總統雕像

不同的看法,他們把眼光朝西看。當「青年人到西部去!」的口號叫出來之後,偉大的「狂野西部時代」(The Age of The Wild West)終於來臨,不但改變了美國的地理和歷史,也改變了世界。更重要的是,為百多年以後的觀光地理增加不少奇景和軼聞。

開發西部的原動力有很多,它們就像分支的河流,當全部匯集在一起的時候,壯闊的波濤是沒有任何東西可以阻攔的。這股壯闊波濤帶領美國年輕的一代,衝過了阿帕拉契山脈,也成為西部移民的第一代。往西的移民越過阿帕拉契山脈之後,他們發現一望無垠的大片草原正在等著他們。於是,俄亥俄州、密西根州和印地安那州成為大部分務農移民選擇為開墾良田的家園。

三、宗教

十九世紀初,美國紐約州出現了一位宗教狂熱份子約瑟夫‧史密斯(Joseph Smith, 1805-1844),他是摩門教的創立人,一八三○

年四月六日成立摩門教會（The Mormons），向信友宣稱上帝親手將聖經交給他，並以耶穌基督再生者的身分前來傳播天國福音。在知識程度不高的移民社會裡，他的言論廣為一般移民接受，因此摩門教在美國廣為新移民所接受。

但是，美國東部信奉正宗基督教的清教徒，對於摩門教在新移民世界造成的狂熱，深感威脅，但又無法啟口去消滅他們。然而由於史密斯創立一夫多妻制，自然不容於東部的清教徒社會。於是「清除異端」亦成為消滅摩門教的正當理由。

極端的摩門教徒帶著宗教的狂熱，為了逃避追殺，一路往西遷移，越過洛磯山脈，橫跨猶它州大沙漠，最後定居於猶它州的沙漠綠州普洛佛（Provo）。等到猶它州州議會正式通過廢除一夫多妻制而加入美國正式成為聯邦一州，已是百年後的事了。

假若沒有兩造的宗教狂熱份子發生衝突，或許美國完全征服西部的時間，恐怕還要往後延長。

第二節　觀光景點

一、密西西比河

要到美國中原觀光，除了開車飛馳於四通八達的高速公路上之外，最好是來一趟密西西比河浪漫之旅。由於公路所經之地，多數是青翠的草原和千陌相連的良田，公路所經的小鎮，就是美國文化的保留地。簡樸的生活、虔誠的宗教信仰、樂觀的人生、與人為善的街坊鄰里以及字正腔圓的美國口音，都說明了這些地方就是美國藏富於民的所在地。

對一般觀光客而言，美國的鄉村田園並非他們旅遊美國的最大目的。但是，一趟密西西比河之旅，將可以開拓觀光客的眼界。從十八世紀到十九世紀，川行於密西西比河的汽船（Steam Boat），

不知留下多少文人墨客的詩篇、英雄美女的浪漫故事以及流動賭場和逢場作戲的藝人無奈生涯的點點滴滴，有如一顆又一顆的水珠串連在一起，沒有時空的斷痕，讓後人來欣賞與憑弔。

　　好來塢一代歌王法蘭克・辛那屈拉（Frank Sinatra）曾用他深邃的歌喉唱過一首可傳誦千古的名歌「老人河」（The Old Man's River），那條河就是密西西比河。遊密西西比河不需要全程，只需在密蘇里州的聖路易士河港上船，往南西川行而下，航經阿肯薩斯州而在路易斯安那州的紐奧良港下船。河流所經各地，兩岸風景優美，的確是一趟值得的懷古觀光之遊。

二、芝加哥

　　美國的中原，工、農業並重。密西根州、俄亥俄州和印地安那州都是工業大州。美國是一個汽車王國，而王國之都就是在密西根州的底特律（Detroit）城（註：二〇〇四年六月贏得美國NBA職籃總冠軍的活塞隊，就是駐紮在底特律城。）。芝加哥是美國中原第一大城，也是中原的航空樞紐。三〇年代，芝加哥是黑社會重鎮，雖經聯邦政府歷次掃盪，還是沒有徹底清除。不過，芝加哥是一個值得一遊的大城，美國內陸航線多以此為轉運中心，若有機會路過，不妨下來一遊。

三、密西根湖

　　密西根湖是美國中原第一大湖，雖然風景優美，但不太容易吸引遊客，主要原因是來自北極穿過加拿大的寒風特強，即使是在盛夏，也沒有炎熱的天氣，除了習慣強風的本地遊客外，很難有外來觀光客。

四、威斯康辛河

　　威斯康辛州有一條優美的寂靜流水，威斯康辛河，發源於美、加邊界的蘇必瑞奧湖（The Lake Superior），流經威州之後進入愛荷華州邊界而與密蘇里河合併。

　　根據印地安人傳說，威斯康辛河原本是一條蛇，盤延在威州之內，因常作怪而受天譴，最後變成一條河。威斯康辛河所流經之處，遍佈有若堆砌的烤薄餅岩石峽谷，煞是好看。威斯康辛河流到該州首府麥迪遜城的一段，特別顯得嫵媚，小橋流水，更增添詩情畫意。很多對攝影有興趣的觀光客，都會特別到麥迪遜城拍攝黃昏日落的橋影，透過晚霞，美不勝收。

五、奧立崗拓荒路線

　　美國早期移民往西部開墾的路線有兩條，一條是直行前走，越過洛磯山脈和猶它州大沙漠之後，到達舊金山。另一條則是有名的奧立崗拓荒路線（The Oregon Trail）：密蘇里河上游而行，到達尼布拉斯加州極西之處，有一座高一百公尺，從五十公里外遠遠望去好像是一座煙囪的沙石岩，非常奇特。

　　往西的移民都稱它是西進的指標，過了這座指標之後，艱苦奮鬥的日子就要來臨，因為望而生懼的洛磯山脈就在眼前。煙囪岩石

煙囪岩石

（Chimney Rock）對早年西部的移民人而言，有如生離死別的指標。不過，從風光的角度來看，的確是一個特別的奇景。

六、路須摩爾山

在靠近洛磯山脈的南達科達州內的路須摩爾山（Mt. Rushmore）中，有一塊巨石，石面上彫塑有美國四位偉大總統——華盛頓、傑弗遜、林肯和老羅斯福的人首像。遠遠望去栩栩如生，好像是用關愛的眼神看著美國這個他們深愛的國家，讓後人不敢做出逾越常軌的事。石像雕塑從一九二七年開始，一九四一年工程完成，它現在成為美國的觀光據點。看過由好萊塢一代小生加利·格蘭（Gary Grant）和性格女星伊娃·瑪利仙（Eva Marie Saint）主演的「北西北」這部電影的影迷們，一定會對總統雕像留下深刻印象，若有機會，應該親身體驗。

有名的觀光景點，是單從電影、幻燈片、相片，甚至是錄影帶，都不足以道出其精緻吸引人之處，除非親身體會，不知其壯麗偉大。路須摩爾山上的總統雕像，就是一明顯例子。

七、德州三城

美國中原西南下方的德克薩斯州是一個非常奇特的州，因而也贏得了「孤星之州」（The Lone Star State）的封號。在德州有三個名城，都值得一遊。

1. 休斯頓（Houston）：以該州的「國父」休斯頓命名，以示紀念。美國的太空中心就是位於休斯頓。對美國職業籃球賽有興趣的人，不妨在籃球賽季節（每年十一月開始到次年五月）拜訪休斯頓城，可以一睹姚明打球的英姿。休斯頓太空中心值得一看，順便了解太空的奧秘和美國人開拓太空的精神。

2. 聖安東尼奧城（San Antonio）：分為老區和新區。老區充滿了墨西哥情調，特別是護城河每到春季來臨，河岸兩旁百花爭艷；到了夏夜，醉人的墨西哥情歌隨著沿岸的樂隊，散出悅耳的歌聲，此起彼落，坐在遊艇上的乘客，在聆聽情歌之餘，還可以享受船上提供的墨西哥餐飲，濃烈龍舌蘭酒的酒香味，浪漫的情調引人無限遐思。聖安東尼城的馬刺職業籃球隊，也是值得一看的球隊。

3. 達拉斯城（Dallas）：達拉斯是讓甘迺迪家族最傷心的地方，因為甘迺迪總統就是在這裡遇刺身亡。一顆子彈，改變了美國的歷史。達拉斯城另一個成名點則是電視連續劇「朱門恩怨」（Dallas）的拍攝地點。「朱門恩怨」影集風靡全球，上億的觀眾看過這部讓性感女星瓊歌琳絲（Joan Collins）獲得影藝生涯第二春的連續劇，不知有多少人去參觀過這個名城。

德克薩斯州以產油而有名，原油亦讓德州製造出不少恩恩怨怨的故事，日後也都成為好萊塢的好題材。從「巨人」到「朱門恩怨」，道盡了德州的滄桑。到了美國，能不去一遊嗎？

美國的中原，有如一個不施脂粉的美女，它的美，完全出於清雅和自然。第一次旅遊美國的時候，百分之九十以上觀光客是不會挑選中原之旅的。不過，當第三或第四次到美國旅遊的時候，「中原之旅」就不能錯過了。

第十五章
美國大西部

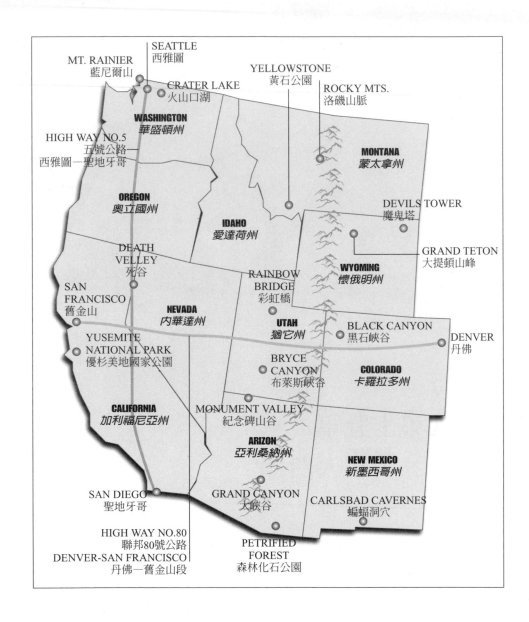

MT. RAINIER
藍尼爾山

SEATTLE
西雅圖

CRATER LAKE
火山口湖

YELLOWSTONE
黃石公園

ROCKY MTS.
洛磯山脈

WASHINGTON
華盛頓州

HIGH WAY NO.5
五號公路─
西雅圖─聖地牙哥

MONTANA
蒙太拿州

OREGON
奧立國州

IDAHO
愛達荷州

DEVILS TOWER
魔鬼塔

GRAND TETON
大提頓山峰

DEATH
VELLEY
死谷

RAINBOW
BRIDGE
彩虹橋

WYOMING
懷俄明州

SAN
FRANCISCO
舊金山

NEVADA
內華達州

UTAH
猶它州

BLACK CANYON
黑石峽谷

DENVER
丹佛

YUSEMITE
NATIONAL PARK
優杉美地國家公園

BRYCE
CANYON
布萊斯峽谷

COLORADO
卡羅拉多州

CALIFORNIA
加利福尼亞州

MONUMENT VALLEY
紀念碑山谷

ARIZON
亞利桑納州

NEW MEXICO
新墨西哥州

SAN DIEGO
聖地牙哥

GRAND CANYON
大峽谷

CARLSBAD CAVERNES
蝙蝠洞穴

HIGH WAY NO.80
聯邦80號公路
DENVER-SAN FRANCISCO
丹佛─舊金山段

PETRIFIED
FOREST
森林化石公園

美國的西部是美國第二立國精神之繫。美國的第一立國精神是爭取獨立、爭取自由；而第二立國精神則是開疆拓土，以大無畏的精神征服自然的困境。如果沒有第二精神，就不會有第三立國精神——征服太空的出現了！因此，到美國西部旅遊，如果不能體會冒險犯難的美國第二立國精神，那麼，只能算是完成了一半旅程。

觀光地理最重要的一環，即是利用旅遊的時間，體會一土一木的根本來源，這才算是學透了觀光地理。

第一節　地理區

美國西部共包括蒙太拿州（Montana）、懷俄明州（Wyoming）、科羅拉多州（Colorado）、新墨西州（New Mexico）、愛達荷州（Idaho）、猶它州（Utah）、亞利桑那（Arizona）、內華達州（Nevada）、華盛頓州（Washington）、奧立崗州（Oregon）和加利福利亞州（California）及外加阿拉斯加州（Alaska）和夏威夷州（Hawaii），共十三州。幅原遼闊，景緻變化萬千。如果是要去大西部旅遊，最好是區分幾個路線。

一、山區各州

包括蒙太拿州、懷俄明州、科羅拉多州愛達河州和新墨西哥州。這五個州的風景景點有黃石公園、科羅拉多州的魔鬼塔及其長河等氣勢雄偉的山川湖泊，以及蝙蝠洞穴，風景奇詭，其中以洛磯山脈為最美不勝收

二、沙漠區各州

包括猶它州、亞利桑那州和內華達三州。景點包括世界有名的大峽谷、彩虹橋、國家拱門公園、布萊斯峽谷和紀念碑山谷等奇絕

洛磯山脈

風光以及內華達州的拉斯維加斯賭城（Las Vegas）。這三個州雖屬沙漠區，不過卻不是乾旱乏味的地區，而是人文與自然均豐富的觀光風景區。

三、太平洋岸區

　　包括華盛頓州、奧立崗州和加利福尼亞等三州，再加上另外兩個不在美國本土的兩州——阿拉斯加和夏威夷，共同組成了一幅多樣化的觀光圖。

　　以美國本土三州而言，有一條五號公路，其風景特色和東部大西洋海岸的老一號公路相映成趣。都是從北到南，沿著西岸而行。五號公路從華盛頓州的藍尼爾山（Mt. Rainier）下的西雅圖市開始，直往南行，路經山明水秀的奧立崗州，然後到上加州時，可以

氣勢雄偉的大峽谷

　　從支道前往加州的葡萄園區參觀；而主道進入加州的首府薩克利曼
圖城（Sacramento）後，一直貫串穿加州中心地帶，隨後進入洛杉
磯城（Los Angeles）而止於聖地牙哥市（San Diego）。

　　五號公路進入加州之後，風景隨地形而變化，北加州是一片平
原，屬於農牧產地帶，田原風光極美，到了中加州之後，山巒起
伏，進入南加州則是人煙稠密的都會區。其中以洛杉磯和聖地亞哥
兩大城是為都會觀光的指標中心。

第二節　八十號公路

一、洛磯山脈

　　要到美國西部觀光，如有時間，不妨自己租車走一趟美國的八十號公路，或者是搭乘從舊金山到丹佛城的火車，親身領略美國西部的偉大。

　　若是開車橫越洛磯山脈而到舊金山的話，最好走80號越州公路。80號公路到了科羅拉多州的丹佛城之後，才正式進入山區。仲春五月的天氣是進入洛磯山脈的最佳時節，且氣候涼爽宜人。山巔上的瞪瞪白雪還沒有全部融化。尤其是在夜晚開車的時候，明月白雪相映成趣，有置身廣寒宮之感。也只有在初夏之交，才能欣賞到洛磯山上的明月白雪，太早，大雪還在封山，有些路段根本不能通行；太遲，則白雪已經融化，看不見雪峰與湖水的倒影奇景。

　　洛磯山脈內科羅拉多河的美是多方面的：沒有明月，她不能成為一條銀帶；少了山峰，無法顯出險壯；缺了白雪，則看不到襯出那清澈明亮的水波。

　　進入洛磯山脈之後，所看到的都是崇山峻嶺，如果對美國西部電影有興趣的人，一旦進入洛磯山脈，就有若置身在西部開拓蠻荒時代的古戰場。的確，沒有拓荒者和印地安人便顯不出開拓精神的偉大；沒有西部拓荒，就顯現不出美國人那種路見不平，拔槍相助的英雄氣概！

　　洛磯山脈過後，就進入猶它州的沙漠地帶。當年到西部拓荒的美國祖先們，除了要對付印地安人和響馬賊之外，還得跟大自然的逆境搏鬥。若意志不堅的人，早就埋骨邊荒，棄屍路旁了。

　　洛磯山脈除了險峻之外，還是一個風景特別優美的地方，遊人開車所過之處，也會對某些景物有似曾相識之感。不錯，那些景點

都是常在月曆、雜誌封面、電影或風景明信片中出現無數次的。洛磯山脈裡有許多天然小湖，湖光山色，平添不少詩情畫意。這些天然小湖，爲崇山峻嶺帶來不少祥和之氣，如果沒有這些小湖點綴其中，洛磯山脈給人的印象只是一個暴君，而沒有那種君臨天下的氣魄了！

二、猶它州

　　橫跨洛磯山脈之後，就是一望無垠的大沙漠。早年拓邊的美國人，即使滿身霸氣也會對沙漠產生一種不得不向大自然屈服的震憾感。80號公路進入猶它州，就和沙漠及自然奇景結下不解之緣。不過，猶它州內的西部片雄偉景觀，並非80號公路的沿路景點，而每到一個景點前，公路上都會有指標，教導開車的人如何按圖索驥；不少加油站也會提供景點路線地圖，只要依循指示路線開行，絕不會走錯路。縱橫錯雜，密如蛛網的公路，爲美國觀光增加了不少推動力。

三、內華達州

　　猶它州過了之後，就進入一個非常奇特山地，也就是以賭著稱的內華達州。內華達州有兩個大賭城，該州以北的雷諾城（Reno）和舊金山相近，兩城只有五小時車程；內華達州南端的拉斯維加斯城，與洛杉磯城相對，開車五小時也可以到達。因此，到舊金山或洛杉磯觀光的旅客，特別是對賭有興趣的亞裔華人，往往會去上述兩城試試手氣。

　　雷諾城和拉斯維加斯城的夜總會表演，也是世界聞名。有名的歌星或有名氣的舞蹈團常在上述兩城內駐團表演，爲沙漠的荒涼，平添不少無邊春色的熱力。

四、加州

過了內華達州也就是加州，80號公路的終點，就是鼎鼎有名的舊金山。美國名歌星湯尼・班尼德（Tony Benette）那首令人盪氣迴腸的名歌——我的心永留三藩市（I Left My Heart In San Francisco）更讓原就充滿浪漫氣息的舊金山更添幾許相思之愁！

五、夏威夷

遠在南太平洋海域的夏威夷，也是一個特別浪漫之島。蕉風椰雨配上夏威夷女郎的長裙，讓觀光客們流連忘返。一雨成秋的氣候，有若熱帶中的天堂。夏威夷在觀光地理中佔了不可或缺的地位，除了本身擁有豐裕的觀光資源外，夏威夷大學的觀光推廣課程也是佼佼者。理論與實務相互搭配，讓夏威夷成為觀光地理中的一顆明珠。

美國的西部，有如一個萬花筒，每次拼湊出來的圖案，沒有一次會是相同的，但每一幅圖案，永遠是那麼美麗和誘人，

第三節　觀光奇景

　　美國的西部地勢雄偉而壯麗，有經年積雪的高峰、一望無垠的大沙漠、磋砒怪石形成的自然圖案、兩岸峭壁下奔浪的河川、擎天的紅木樹林、有若天池的湖水以及數不盡的國家公園。整個西部就像是一幅山川壯麗的大拼圖，每一片拼圖都有玩不盡的美景，每一片拼圖都有說不完的故事，為觀光地理增添了一個發掘不盡的寶藏。

一、拱門國家公園ARCHES NATIONAL PARK

　　位於科羅拉多河流入猶它州的荒蕪金黃沙石地帶，是世界上最長的天然拱門。根據地質學家考證，拱門形成的原因和風化石有關。時至今日，拱門公園內的石頭仍在風化中，目前一共有九十座

拱門國家公園

拱門在公園之內。因為公園內的黃金沙石繼續在風化，因此，常有新的拱門出現和老的拱門倒塌的現象發生。

二、黑石峽谷BLACK CANYON

位於科羅拉多州西部，長約80公里。一八五八年由探險家約翰·根尼森（John Gunison）發現，故峽谷內之河命名為根尼森河，峽谷兩邊是堅硬如鋼的花崗石。黑石峽谷深而窄，最深的河床與地面相隔750公尺，而最窄處只有123公尺。因為峽谷太深，有些地方終年與日隔絕，故有黑石峽谷之名。根尼森河奔騰怒放，兩岸上常有巨大如房子的花崗石落下，極為危險。不過卻成為冒險家的天堂。

三、布萊斯峽谷BRYCE CANYON

位在美國猶它州西南方，石頭的顏色全呈朱紅色。嚴格來說，布萊斯峽谷應該不是峽谷，而應說是一片像長滿紅色尖筍的高原地。由於十九世紀末被一位名叫布萊斯的牧場主人發現，因而峽谷

布萊斯峽谷

以其名命名之。距離大峽谷不遠，很多西部電影都在此取景，其中以由巨星葛利格萊畢克（Gregory Peak）和奧馬雪利夫（Omar Sharif）聯合主演的「麥坎耶淘金記」（Mac Kenna's Gold）為最。峽谷的奇景在寬大的銀幕上顯示出來，更具震撼力。

四、卡爾斯巴德洞穴CARLSBAD CAVERNS

位在美國新墨西哥州瓜地魯比山脈（Guadalupe Mts.）內。該洞穴以蝙蝠群而聞名。千萬年以來，洞穴內的蝙蝠都飛到墨西哥過冬，夏天則飛回到卡爾斯巴德洞穴（大約仲春到第一次秋霜）過夏。夏日夕陽時，成千上萬的蝙蝠，從洞穴內傾巢而出，蔚為奇觀。

五、火山口湖CRATER LAKE

位在美國華盛頓州內，是美國境內最深的火山口湖。湖中央冒起的小島，名為男巫島（Wizard Island），為整個湖平添了不少美景。

六、死谷DEATH VALLEY

在美國加州和內華達州之間，印地安人稱之為「地火」（Tomesha on Ground Afire），是北美州最乾、最熱的地。炎熱的另一個原因是死谷內有一片一望無垠的鹽土助長了高溫；但是太陽下山之後卻冰寒刺骨。名為「死谷」，最恰當不過。

七、魔鬼塔DEVILS TOWER

在美國懷俄明州東北方，雄踞比利福煦河（Belle Fourche River）之上。魔鬼塔高265公尺，塔平頂寬85公尺，地基寬300公尺，是這類岩石在美國中最高的一個，因而贏得「難忘的地標」

魔鬼塔

(An Unforgettable Landmark)的封號。遠在150公里以外就可以看到她。根據印地安人的神話：傳說有一隻大熊想爬到平頂上擄奪七位少女，石頭上的斑斑條紋，就是熊的指甲留下的爪痕。

八、大峽谷GRAND CANYON

在美國亞利桑那州西北方，千百萬年來科羅拉多河水不斷衝擊而造成，峽谷全長350公里，最深處達1,870公尺。峽谷岩石有多重色彩，每層的顏色不一樣，隨著太陽光線轉移而反射出不同的顏色。大峽谷景色壯麗，涵蓋面積4,931公里，每年有三百萬名遊客前往參觀。峽谷內的每一斷層，有如地球生命的寫照。遠可追溯到百億年前，近至二十一世紀。（註：經地質學家考證後指出，斷層每二公分代表一個世紀。）

九、大提頓山峰GRAND TETON

美國最有名的電影「大江東去」（The River of No Return）就是在大提頓山脈下的「蛇河」（Snake River）拍攝。大提頓山峰位在懷俄明州，是洛磯山脈中景色最壯觀的一段，每到春天，山下的野花盛開，野生動物紛紛出來悠閒地在田野中覓食，構成一幅自然美

大峽谷

麗的田野畫面。

十、　麥堅尼山MT. MCKINLEY

　　位在阿拉斯加州，是北美州最高的山峰，終年積雪。麥堅尼山給人一種直透天庭的壯麗感。它是阿拉斯加州獨一無二的主要山峰，因而有捨我其誰的氣概。爬山專家們公認，麥堅尼山峰比喜瑪拉亞山的聖母峰更有孤傲不群的氣勢。雖然後者比前者高，但後者周圍有群峰相圍，因為高度相去不遠，不容易分辨。前者擎天氣勢，受到更多的尊敬。

麥堅尼山

十一、紀念碑山谷MONUMENT VALLEY

位在美國猶它州和阿利桑那州交界處，是好萊塢拍攝西部電影取景最多的地方。場面偉大的西部電影，全都移隊到此取景。紀念碑山谷內有上百個紅土石碑，形狀個個不同，有似槍托、有似尖釘、有似圓柱等等，不整齊地排列在一片大的紅土平原上。紀念碑的高度均在三百公尺左右，有些人稱之石堡，有些人稱之寺廟。總而言之，若沒有這些奇景，就顯示不出美國西部的偉大了。

十二、森林化石公園PETRIFIED FOREST

位在美國亞利桑那州內，是世界上最大的森林化石公園。巨大的樹幹化石，不但讓遊客著迷，也像是永遠無法解開的謎題。每塊化石約30公尺長，樹心的顏色五彩繽紛，極為好看。樹心內的化石有瑪瑙、碧玉、紫水晶以及彩色千變萬化的石英，可以說是一種自然奇景。

彩虹橋

十三、彩虹橋RAINBOW BRIDGE

　　位在美國猶它州內，它是世界上最長的天然形成橋，傳說是由天上的彩虹變成。橋有兩線車道之寬，其高度可容納雪梨歌劇院。一九○九年有一群白人探險家出兩名派圖地印地安人族人響導陪同，進入猶它州的內陸荒地發現了這座天然形成的巨橋。在此之前，只有派圖地族印地安人和納瓦荷印地安族人知道進入彩虹橋的路徑。目前已成為觀光景點。

十四、藍尼爾山MT. RAINIER

　　位在美國華盛頓州，每當晴空萬里的時候，遠從150公里以外都可看到直擎天庭的高峰。藍尼爾山仍然是一座隨時可以爆發的活火山，但沒有人能預測它何時會爆發。從山頂火山口流出來的熔岩水，就可以證明火山內的火仍然在燃燒著。藍尼爾山峰下的草原和

洛磯山脈

樹林內，是動物的天堂，山羊隨處可以見到，黑尾鹿和熊比比皆是。其中最顯著的小動物和飛禽如土撥鼠、花栗鼠、星鳥和奧立崗鷹，都以青蔥草原和樹林爲家。爲自然美景增加生動的佈景。

十五、洛磯山脈ROCKY MOUNTAINS

是北美洲西部的屏障，■脈從阿拉斯加州開始，跨越加拿大阿爾柏塔省，經過美國的愛達荷州、蒙太拿州西部、懷俄明州、猶它州、科羅拉多州、亞利桑那州而到墨西哥，全長五千公里。所經之處，都是雄偉奇觀的高山和急湍奔放的河流，製造了無數的觀光和探險景點。洛磯山脈最美的地方是懷俄明州的黃石公園和亞歷桑那州的大峽谷，而沿整個山脈奔流的科羅拉多河有若來自天上的流水，奔放而下，也爲洛磯山脈帶來生生不息的朝氣及成千上萬的遊客。

十六、黃石公園YELLOWSTONE

黃石公園是美國的國家公園，面積有9,000平方公哩，涵蓋美國三大州——懷俄明州、蒙太那州和愛達荷州。黃石公園最吸引遊客的景點是每65分鐘噴一次的老忠實噴水溫泉（Old Faithful Spring），噴水高度達十層樓之高，而且終年不分晝夜地在噴。只

黃石公園老忠實噴泉

　　要是遊客經噴泉，都會停下來拍照留念。黃石公園到處都是黑熊，
不過，牠們非常馴服，常在路邊向開車經過的遊人討食，狀極可
愛。黃石公園有園警巡邏，只要碰到有異狀的黑熊，就會用迷藥槍
把牠打暈，然後帶回「管馴」。

　　石公園內的黃石大湖，水清幾可見底，湖內有無數的鱒魚，遊
客可向管理處申請臨時釣魚執照即可駕舟釣魚，或在山溪釣魚，手
氣好的話，一次可釣到好幾尾，是午餐或晚餐的材料。黃石公園內
也有「大峽谷」，是由黃石大湖的湖水沖擊而成，以氣勢而言，就
比不上洛磯山脈內的大峽谷了。不過，遊客到了大峽谷的告示牌
前，也會攝照留念。

　　黃石公園是美國的觀光景點，每到夏天，好幾百萬美國人及國
際觀光湧進公園渡假，是觀光熱季。

十七、優勝美地國家公園YUSEMITE NATIONAL PARK

　　是美國加州最受歡迎的觀光景點。國家公園內有千潯瀑布、奇形巨石，和萬株直挺雲霄的紅木。美國自然保護學者約翰·繆爾（John Muir）曾形容優勝美地國家公園：「優勝美地國家公園擁有自然美的清新和如火般的溫暖。她讓一個遊人興起永遠留在那裡的念頭。」繆爾一語道破遊人樂此不疲地前往優勝美地國家公園遊玩的心態。優勝美地國家公園也是加州每年吸引成千上百萬遊人的樂園。

　　優勝美地國家公園內的半圓型拱石是攀岩專家們的「極致挑戰點」，一年四季，幾乎每天都有人在往上爬。這塊圓拱石是花崗岩，爬山者用繩索和鑽石釘，一面打釘，一面拉繩往上攀爬，自得其樂。遇到夜晚，他們就在繩索上架上一張帆布睡袋作為休息之用，等到天亮再爬，直到征服拱石達到頂峰為止。這種極限挑戰，為優勝美地國家公園帶來不少攀岩客，也可以說是冒險家的天堂。

　　2006年是美國探險家「路易士與克拉克」（Lewis & Clark）開拓奧立崗拓荒路線（The Oregon Trail）的二百週年。和奧立崗拓荒路線相關的州，從2004年九月開始，紛紛舉行各種慶祝活動，至2006年7月4日國慶為止。在這長達兩年的慶祝活動中，其中要以開車通過路露險隘（Lolo Pass）的路露拓荒線（Lolo Trail）最具挑戰性。

　　路露險隘地長73英哩，地處蒙太拿州和愛達荷州交界的山隘內。目前只有崎嶇的原始山路可行，但其險峻之處，往往讓開車的人望而生畏。美國是一個公路四通八達的國家，為什麼路露拓荒線卻沒有公路連接？原因是過去的百年來都是印地安族的保留地，時至1930年，才由民間的環保機構捐出73英哩長的險道出來，為探險人士之用。由於該地段除了探險外，沒有商業用途，因而一直都沒有興起開工的念頭。再者，該區地屬高山區，終年雲霧封蓋，只有七月至九月間才勉強可行，更減低開發性趣。

　　目前，慶祝開拓路線二百年的大典即將始，負責管理該區的美國聯邦森林管理局才將原有每天只能十部車進出的規定改為自由通行，以配合慶祝並方便開車冒險族群向大自然挑戰。

　　觀光地理引人入勝的地方是，它往往能和時興的各種活動結合，讓參觀的人眼界更寬、更廣，也讓參與人士有一顯身手的機會。

Travel Tip

　　到美國大西部遊玩不是一件容易的事。因為幅員大，且吸引人的景點太多，其中有些電影上常見的大西部奇景，卻要幾番轉折才能到達。如果能夠充分利用觀光地理中所得到的旅遊常識，自己不難安排一套優於旅行社設計的行程。到美國大西部旅遊最忌諱的一點是：貪多，想一次玩完。其結果是整天睡在遊覽車上，什麼也沒有看見。

　　到西部觀光首應分區旅行，譬如說：

1. 山區各州旅遊：地區包括：蒙太拿州、懷俄明州、卡羅拉多州及愛荷華州。以本區而言，一個黃石公園就夠旅客們玩的了，何況還有更多美不勝收的景緻都會陸續出現。

2. 沙漠區各州旅遊：地區包括猶它州、亞利桑那州、新墨西哥州及內華達州。美國西部電影的雄偉大自然奇景，都是在這些州拍攝的，其中以猶它州和亞利桑那州所占分量最多。對喜愛西部電影的朋友而言，這是一塊必到的「聖地」。內華達州的一頭一尾，有兩個紙醉金迷的賭城，一是雷諾城，另一則為拉斯維加斯城。

3. 太平洋海岸各州旅遊：地區包括華盛頓州、奧立崗州、加尼福尼亞州，不妨另加夏威夷州和阿拉斯加兩州。不過，後兩州都屬入境州，入境手續完成之後，就可以開始旅遊了。

歐美觀光地理

作　　者／楊本禮

出 版 者／揚智文化事業股份有限公司

發 行 人／葉忠賢

登 記 證／局版北市業字第 1117 號

地　　址／台北縣深坑鄉北深路三段 260 號 8 樓

電　　話／(02)2664-7780

傳　　真／(02)2664-7633

E-mail ／service@ycrc.com.tw

郵撥帳號／19735365

戶　　名／葉忠賢

印　　刷／鼎易印刷事業股份有限公司

I S B N ／957-818-655-X

初版二刷／2006 年 10 月

定　　價／新台幣 300 元

國家圖書館出版品預行編目資料

歐美觀光地理／楊本禮著. -- 初版. -- 臺北

市：揚智文化, 2004[民93]

面；　公分.

ISBN　957-818-655-X（平裝）

1. 歐洲 – 描述與遊記 2. 美洲 – 描述與遊記

740.9　　　　　　　　　　　93013174